지은이 권영구
초판 발행 2025년 7월 25일
펴낸 곳 기적
등록번호 제390-2023-000032호
주소 경기도 광명시 하안로 60 광명테크노파크 E동 E1015호
전화번호 010-5950-4109
FAX 02) 899-9189
홈페이지 www.cross9191.com / www.52ch.kr
구입문의 010-5950-4109, 02) 2615-0019

ISBN 979-11-987239-8-7 93230
값 20,000 원

저자와의 협약아래 인지는 생략되었습니다.
이 출판물은 저작권법에 의해 보호를 받는 저작물이므로 무단 전재와 복제를 할 수 없습니다.

- 예수님은 어떻게 기도했는가?
- 예수님은 어떻게 사역했는가?
- 예수님은 어떻게 전도했는가?
- 예수님은 어떻게 제자 삼았는가?

목회자와 교회 성장

권영구 지음

머리말

많은 목회자가 어떻게 목회해야 하는지를 몰라 힘들어한다. 그리고 왜 목회가 안 되는지도 모르는 것 같다. 목회의 지침서가 없기 때문이다. 그래서 부족하지만, 목회자들에게 목회 방법을 알려 주면 좋을 것 같아 기록하기 시작했다.

신학교에서 많은 시간을 공부했는데 막상 배운 대로 목회하면 안 된다. 왜냐면 목회 현장에서 수십 년을 고민하고 실행하여 실패도 하고 성공도 하면서 얻은 실제적인 내용이 없기 때문이다. 책이든 강의든 수십 년간 고민하며 실제로 이룬 사람이 기록하고 말한 것이 현실감이 있다.

이벤트식으로 사람을 모았다든지 남의 책을 짜깁기해 사람을 모이게 했다든지 하면 배우는 사람에게 맞지 않는다. 본인이 성경에서 답을 찾아 직접 실행하면서 얻은 지혜가 가장 합당하다.

예수님은 어떻게 기도했는가?
예수님은 어떻게 사역했는가?
예수님은 어떻게 전도했는가?
예수님은 어떻게 제자 삼았는가?

이와 같은 것들을 집중적으로 연구하여 예수님처럼 하면 된다.

사도 바울은 예수님과 똑같은 방법으로 목회했다. 그는 여러 도시를 다니며 예수님과 같은 방식으로 전도하고 복음을 전하여 많은 교회를 세웠다.

우리도 예수님의 기도, 예수님의 전도, 예수님의 제자 훈련 방법대로 목회하면 많은 영혼을 구원할 수 있다.

이 책을 통해 목회를 잘할 수 있는 현실적인 공부가 되어 많은 도움이 되기를 바란다. 이 책에 목회자는 어떻게 목회해야 하는가, 왜 목회가 안 되는가, 그리고 그 원인을 찾아 해결하는 방법까지 기록해 놓았다.

또 교회가 성장하려면 어떤 일에 집중해야 하는가를 기록하였다. 다른 일에 시간과 돈을 사용하지 말고 영혼을 살리는 데 시간과 돈을 사용하면 큰 효과가 있다.

추가적으로 부교역자는 무엇을 해야 하는가, 어떤 신앙을 가지고 목회해야 하는가, 본인에게 부족한 것이 무엇인가를 발견하여 고치고 성장해야 하는 것을 말하였다. 부교역자는 앞으로 많은 노력을 하여 바울과 같이 성령 충만하고 능력 있는 하나님의 종이 되어야 한다.

또한 앞으로는 평신도 사역자가 많이 양성되어야 한다. 그래야 교회를 지킬 수 있다. 유럽교회는 신학생도 없고 목회자도 없어 한국 유학생들이 교회를 맡아서 사역하는 곳이 많다. 이것은 평신도 목회자를 키우지 못하여 생긴 일이다. 그리고 성령 충만하고 능력 있는 교역자는 없어지는데 뒤를 이어 성령의 능력 있는 사역자가 나오지 않아 유럽교회가 문을 닫게 된 것이다.

한국교회가 살아 있는 교회가 되려면 성령 충만하고 능력 있는 평신도 사역자를 많이 양성해야 한다.

예수님의 재림이 가까울수록 성령 충만한 평신도 사역자가 필요하다. 그들이 주변의 기독교인들을 지킬 것이다. 그래서 교회가 평신도 사역자 만들기 훈련을 많이 해야 한다.

마지막으로 이 책을 읽고 많은 교회가 성장하기를 진심으로 바란다. 그리고 교회마다 평신도 훈련을 열심히 하여 많은 일꾼이 있기를 바란다.

2025년 5월 15일
영흥도에서 권영구

목차

제1부 목회편

제1장	목회란 무엇인가?	010
제2장	예수님이 말씀하시는 목회자	016
제3장	목회자의 사명	030
제4장	목회자가 되기 전에 점검할 일	038
제5장	목회자가 된 동기	060
제6장	하나님이 사용하는 자와 사용하지 않는 자	078
제7장	목회자가 되었으면 목숨 바쳐라	082
제8장	교회 우상이 되지 말라	090
제9장	하나님이 함께하는 사람이 되어라	094
제10장	사모를 앞장세우지 말라	106
제11장	천국 가는 자와 지옥 가는 목회자	110

제2부 교회 성장편

제1장	목회가 안 되는 큰 이유	120
제2장	목회가 안 되는 다른 이유	160
제3장	전도해도 정착되지 않는 이유	176

제3부 교회 성장 방법편

제1장	목회자의 배우려는 마음	182
제2장	성공하는 목회 방법 세 가지	188

제4부 부교역자편

제1장	부목사, 전도사	214
제2장	평신도 사역자(교구장, 지역장)	228
제3장	한국교회 미래	238

part 1

목회편

제1장 목회란 무엇인가?
제2장 예수님이 말씀하시는 목회자
제3장 목회자의 사명
제4장 목회자가 되기 전에 점검할 일
제5장 목회자가 된 동기
제6장 하나님이 사용하는 자와 사용하지 않는 자
제7장 목회자가 되었으면 목숨 바쳐라
제8장 교회 우상이 되지 말라
제9장 하나님이 함께하는 사람이 되어라
제10장 사모를 앞장세우지 말라
제11장 천국 가는 자와 지옥 가는 목회자

CHAPTER **01**

목회란 무엇인가?

▼ 1. 목회자는 종이고 목자이다

▼ 2. 목회는 예수님처럼 해야 한다

▼ 3. 목회는 양을 사랑하고 섬기고 돕는 일이다

▼ 4. 목회의 목적을 분명하게 알아야 한다

1. 목회자는 종이고 목자이다

목회는 하나님의 양을 하나님께 위임받은 청지기로서, 양을 잘 돌보고 교육하고 인도하여 구원받게 하고 영생을 얻어 하나님 나라에 들어가게 하는 것이다.

(딛 1:7) "감독은 하나님의 청지기로서 책망할 것이 없고 제 고집대로 하지 아니하며 급히 분내지 아니하며 술을 즐기지 아니하며 구타하지 아니하며 더러운 이득을 탐하지 아니하며"

(벧전 4:10) "각각 은사를 받은 대로 하나님의 여러 가지 은혜를 맡은 선한 청지기 같이 서로 봉사하라"

하나님은 주인이시며 목자장이시고, 목회자는 종이며 목자이다. 목자는 주인의 명령대로 행동하고 주인의 것을 관리하는 자이기 때문에, 주인의 양을 내 것보다 더 소중하게 여기고 잘 돌봐야 한다. 그래야 주인에게 인정받고 칭찬받고 더 많은 것을 맡아 관리할 수 있다.

예수님이 일을 잘한 사람에게 주시는 말씀이다.

(마 25:21) "그 주인이 이르되 잘하였도다. 착하고 충성된 종아 네가 적은 일에 충성하였으매 내가 많은 것을 네게 맡기리니 네 주인의 즐거움에 참여할지어다 하고"

주인의 양을 잘 관리하지 못하면 주인이 결산할 때 책망하고 심판하여 있는 것도 빼앗기고 영벌 받는다. 그러므로 두려운 마음으로 하나님의 일을 해야 한다.

(마 25:26-30) "[26] 그 주인이 대답하여 이르되 악하고 게으른 종아 나는 심지 않은 데서 거두고 헤치지 않은 데서 모으는 줄로 네가 알았느냐 [27] 그러면 네가 마땅히 내 돈을 취리하는 자들에게나 맡겼다가 내가 돌아와서 내 원금과 이자를 받게 하였을 것이니라 하고 [28] 그에게서 그 한 달란트를 빼앗아 열 달란트 가진 자에게 주라 [29] 무릇 있는 자는 받

아 풍족하게 되고 없는 자는 그 있는 것까지 빼앗기리라 [30] 이 무익한 종을 바깥 어두운 데로 내쫓으라 거기서 슬피 울며 이를 갈리라 하니라"

2. 목회는 예수님처럼 해야 한다

예수님은 양에게 생명을 얻게 하시고 더 풍성한 삶을 살게 하셨다. 그리고 선한 목자이셨고 양을 위하여 자기 목숨도 버리셨다. 이렇게 목회하는 것이 하나님이 원하시는 목회다.

예수님이 말씀하셨다.

(요 10:10-15) "[10] 도둑이 오는 것은 도둑질하고 죽이고 멸망시키려는 것뿐이요 내가 온 것은 양으로 생명을 얻게 하고 더 풍성히 얻게 하려는 것이라 [11] 나는 선한 목자라 선한 목자는 양들을 위하여 목숨을 버리거니와 [12] 삯꾼은 목자가 아니요 양도 제 양이 아니라 이리가 오는 것을 보면 양을 버리고 달아나나니 이리가 양을 물어 가고 또 헤치느니라 [13] 달아나는 것은 그가 삯꾼인 까닭에 양을 돌보지 아니함이나 [14] 나는 선한 목자라 나는 내 양을 알고 양도 나를 아는 것이 [15] 아버지께서 나를 아시고 내가 아버지를 아는 것 같으니 나는 양을 위하여 목숨을 버리노라"

목회자는 예수님과 같은 마음으로 하나님의 양을 돌봐야 한다. 그리고 성도의 영혼을 구원하여 영생을 얻게 하고, 삶을 행복하고 풍성하게 해야 한다. 그리고 예수님처럼 선한 목자가 되어야 하고 성도를 위해 목숨도 바치는 심정으로 성도를 사랑해야 한다.

어떤 목회자는 반대로 한다. 성도의 영혼을 죽이고 성도의 것을 빼앗고 자신의 배를 불리고 성도는 가난 속에 빠지게 한다. 성도가 어려움을 당하면 버리고 도망간다. 이런 목회자는 삯꾼이라고 한다.

3. 목회는 양을 사랑하고 섬기고 돕는 일이다

예수님께서 제자 베드로에게 양을 맡기셨다. 우리에게도 똑같은 이유로 맡기신다. 양을 사랑하는 것은 겸손한 마음으로 섬기고 돕는 자가 되는 것이다.

(요 21:14-17) "[14] 이것은 예수께서 죽은 자 가운데서 살아나신 후에 세 번째로 제자들에게 나타나신 것이라 [15] 그들이 조반 먹은 후에 예수께서 시몬 베드로에게 이르시되 요한의 아들 시몬아 네가 이 사람들보다 나를 더 사랑하느냐 하시니 이르되 주님 그러하나이다 내가 주님을 사랑하는 줄 주님께서 아시나이다 이르시되 내 어린 양을 먹이라 하시고 [16] 또 두 번째 이르시되 요한의 아들 시몬아 네가 나를 사랑하느냐 하시니 이르되 주님 그러하나이다 내가 주님을 사랑하는 줄 주님께서 아시나이다 이르시되 내 양을 치라 하시고 [17] 세 번째 이르시되 요한의 아들 시몬아 네가 나를 사랑하느냐 하시니 주께서 세 번째 네가 나를 사랑하느냐 하시므로 베드로가 근심하여 이르되 주님 모든 것을 아시오매 내가 주님을 사랑하는 줄을 주님께서 아시나이다 예수께서 이르시되 내 양을 먹이라"

4. 목회의 목적을 분명하게 알아야 한다

1) 내가 양의 주인이 아니고 하나님이 주인이시다.
2) 목회자는 종이고 하나님은 왕이시다.
3) 목회자는 목동이고 하나님은 목자장이시다.
4) 목회자는 종처럼 낮아져서 양을 섬기고 도와야 한다.
5) 자신이 주인 행세하고 높아져서 양의 섬김을 받고 도움을 받으면 심판받는다.

6) 왕 되신 예수님이 오셔서 결산하신다. 그때 책망받지 말고 상을 받아야 한다.
7) 내 뜻을 이루지 않고 주인의 뜻을 이루어 드려야 한다.

CHAPTER **02**

예수님이 말씀하시는 목회자

▼ 1. 신학교에서 배운 목회자상

▼ 2. 예수님이 가르쳐 주신 목회자상

1. 신학교에서 배운 목회자상

- 거룩한 하나님의 종이다.
- 하나님의 사자다.
- 하나님의 대리인이다.
- 하나님이 임명한 하늘의 대사다.
- 구약의 제사장과 같고 신약의 사도와 같다.
- 양들의 우두머리인 목자다.
- 영의 아버지, 영의 어머니다.
- 아무도 험담해서는 안 되는 위치다.
- 성도는 목사를 섬겨야 복을 받는다.
- 목사의 말에 순종하면 복을 받고 불순종하면 저주받는다.
- 목사의 마음을 아프게 하거나 목사를 괴롭히면 저주받는다(그래서 성도가 목사를 무서워한다).
- 목사의 말에 불순종하면 죄다.

이렇게 알려 주었다. 그래서 목회자가 되면 하나님 다음가는 위치에 있고 그와 같은 힘을 가지고 있다며 자신을 높인다. 이런 목회자들의 마음은 자만하고 교만하다. 자신이 높아져 있으니 아무 말도 듣지 않는다. 자기 생각만 옳다고 믿고, 처음부터 예수님이 가르쳐 주신 종의 자세와 섬기는 자세가 되어 있지 않아 고치기가 어렵다. 다행히 중간에 성령 하나님을 만나서 자신이 부끄러운 죄인인 것을 깨달은 목회자들은 낮아져서 성도를 섬긴다.

예수님은 제자들을 높인 적이 없다. 많은 목회자가 예수님이 말씀하신 제자의 모습과는 반대로 하고 있다. 마귀가 미혹하여 존경받는 목회자의 모습을 반대로 만들어 버렸다. 이런 잘못된 목회자의 모습으로 성도를 대하니 성도에게 버림받고 하나님께도 버림받는 것이다.

신학교에서부터 좋은 명칭은 모두 사용하여 교육해 신학생의 마음에 자만을 키웠다. 목사가 되면 머리에 기름 부음을 받은 종이 되고, 이것을 신분 상승이라도 한 줄로 알고 마음이 자만해져서 오만방자한 말과 행동을 한다.

이런 정신을 가지고 목회를 하니 하나님은 인정하지 않고 악령이 들어가 지배하여, 높임받고 대접받는 목회자가 성공한 목회자인 것처럼 보인 것이다. 그래서 목회가 안 되어 가난해도, 욕을 먹어도, 나쁜 짓을 해도, 악해도 목사직은 안 내려놓는다. 그리고 사회에 나가 다른 직업을 가지고 일하면서도 직업이 무엇이냐고 물으면 목사라고 말한다. 자신이 대단한 직책을 가진 사람처럼 말한다.

이런 잘못된 목회관을 가지고 목회하므로 다수는 평생 고생한다. 소수는 부유하게 살면서 영적으로 성령님을 거역하고, 일부는 악령에게 속아 목회를 하고 영벌 받는 곳으로 간다.

책망받는 제사장과 서기관과 바리새인같이 된다(마 23장).
(마 23:1-8) "[1] 이에 예수께서 무리와 제자들에게 말씀하여 이르시되 [2] 서기관들과 바리새인들이 모세의 자리에 앉았으니 [3] 그러므로 무엇이든지 그들이 말하는 바는 행하고 지키되 그들이 하는 행위는 본받지 말라 그들은 말만 하고 행하지 아니하며 [4] 또 무거운 짐을 묶어 사람의 어깨에 지우되 자기는 이것을 한 손가락으로도 움직이려 하지 아니하며 [5] 그들의 모든 행위를 사람에게 보이고자 하나니 곧 그 경문 띠를 넓게 하며 옷 술을 길게 하고 [6] 잔치의 윗자리와 회당의 높은 자리와 [7] 시장에서 문안받는 것과 사람에게 랍비라 칭함을 받는 것을 좋아하느니라 [8] 그러나 너희는 랍비라 칭함을 받지 말라 너희 선생은 하나요 너희는 다 형제니라"

목회자가 예수님의 가르침을 받지 않고 신학교에서 배운 것만 믿고 있다면 불쌍한 사람이다. 그런 사람은 모래 위에 집을 지은 사람같이 어리석은 사람이다. 그런데 이런 사실을 하나님께 심판받을 때까지 모른다. 영의 눈이 어두워졌기 때문이다.

성령 하나님을 만난 적이 없는데 어떻게 깨달을 수 있겠는가? 성령 하나님이 함께하지 않는 사람은 영의 눈이 어두워져 성경을 읽어도 바르게 깨닫지 못한다.

2. 예수님이 가르쳐 주신 목회자상

예수님은 바른 목회자의 모습을 말씀하신다.
- 제자가 되려면 자기를 부인하고 자기 십자가를 지고 나를 따르라고 하셨다.
- 온유하고 겸손하라고 하셨다.
- 자신을 낮추는 자가 되라고 하셨다.
- 선생이라 칭함을 받지 말라고, 너희는 형제라고 하셨다.
- 다른 사람을 섬기는 자가 되라고 하셨다.
- 주는 자가 되라고 하셨다.
- 이웃을 사랑하라고 하셨다.
- 대접하라고 하셨다.
- 양을 위하여 목숨도 주라고 하셨다.
- 박해도 받으라고 하셨다.
- 원수를 사랑하라고 하셨고, 원수를 위해 기도하라고 하셨고, 원수갚는 일을 하지 말고 하나님께 맡기라고 하셨다.
- 기도하는 사람이 되라고 하셨다.

· 성령세례 받으라고 하셨고, 성령 받으라고 하셨고, 성령 충만하라고 하셨다. 그리고 성령의 은사를 받으라고 하셨고, 성령의 능력을 받으라고 하셨고, 성령의 열매를 맺으라고 하셨다.
· 귀신을 쫓아내고 병자를 치료하라고 하셨다.
· 성령을 받고 증인이 되라고 하셨다.

예수님은 이런 모든 일을 직접 행하시며 본을 보여주셨다. 그래서 따라오라고 하신 것이다.

목회자가 되려면 예수님의 가르침대로 행하고 살면서 그 뒤를 따라가야 한다. 순종하면 거룩한 하나님의 종이 되는 것이고 불순종하면 마귀의 종이 되는 것이다.

<설명>

1) 예수님의 제자가 되려면 자기를 부인하고 자기 십자가를 지고 나를 따르라고 하셨다.
  (막 8:34) "무리와 제자들을 불러 이르시되 누구든지 나를 따라오려거든 자기를 부인하고 자기 십자가를 지고 나를 따를 것이니라"

2) 온유하고 겸손하라고 하셨다.
  (마 11:29) "나는 마음이 온유하고 겸손하니 나의 멍에를 메고 내게 배우라 그리하면 너희 마음이 쉼을 얻으리니"

3) 자신을 낮추는 자가 되라고 하셨다.
  (마 23:10,12) "[10] 또한 지도자라 칭함을 받지 말라 너희의 지도자는 한

분이시니 곧 그리스도시니라
[12] 누구든지 자기를 높이는 자는 낮아지고 누구든지 자기를 낮추는 자는 높아지리라"

4) 선생(랍비)이라 칭함을 받지 말라고 하셨다.
(마 23:8) "그러나 너희는 랍비라 칭함을 받지 말라 너희 선생은 하나요 너희는 다 형제니라"

5) 다른 사람을 섬기는 자가 되라고 하셨다.
(마 20:26) "너희 중에는 그렇지 않아야 하나니 너희 중에 누구든지 크고자 하는 자는 너희를 섬기는 자가 되고"
(마 23:11) "너희 중에 큰 자는 너희를 섬기는 자가 되어야 하리라"

6) 주는 자가 되라고 하셨다.
(눅 6:38) "주라 그리하면 너희에게 줄 것이니 곧 후히 되어 누르고 흔들어 넘치도록 하여 너희에게 안겨 주리라 너희가 헤아리는 그 헤아림으로 너희도 헤아림을 도로 받을 것이니라"

7) 이웃을 사랑하라고 하셨다.
(막 12:31) "둘째는 이것이니 네 이웃을 네 자신과 같이 사랑하라 하신 것이라 이보다 더 큰 계명이 없느니라"

8) 대접하라고 하셨다.
(마 7:12) "그러므로 무엇이든지 남에게 대접을 받고자 하는 대로 너희도 남을 대접하라 이것이 율법이요 선지자니라"

9) 양을 위하여 목숨도 주라고 하셨다.

(요 10:10-15) "[10] 도둑이 오는 것은 도둑질하고 죽이고 멸망시키려는 것뿐이요 내가 온 것은 양으로 생명을 얻게 하고 더 풍성히 얻게 하려는 것이라 [11] 나는 선한 목자라 선한 목자는 양들을 위하여 목숨을 버리거니와 [12] 삯꾼은 목자가 아니요 양도 제 양이 아니라 이리가 오는 것을 보면 양을 버리고 달아나나니 이리가 양을 물어 가고 또 헤치느니라 [13] 달아나는 것은 그가 삯꾼인 까닭에 양을 돌보지 아니함이나 [14] 나는 선한 목자라 나는 내 양을 알고 양도 나를 아는 것이 [15] 아버지께서 나를 아시고 내가 아버지를 아는 것 같으니 나는 양을 위하여 목숨을 버리노라"

10) 박해도 받으라고 하셨다.

(마 5:11-12) "[11] 나로 말미암아 너희를 욕하고 박해하고 거짓으로 너희를 거슬러 모든 악한 말을 할 때에는 너희에게 복이 있나니 [12] 기뻐하고 즐거워하라 하늘에서 너희의 상이 큼이라 너희 전에 있던 선지자들도 이같이 박해하였느니라"

(눅 21:12) "이 모든 일 전에 내 이름으로 말미암아 너희에게 손을 대어 박해하며 회당과 옥에 넘겨 주며 임금들과 집권자들 앞에 끌어 가려니와"

(마 10:23) "이 동네에서 너희를 박해하거든 저 동네로 피하라 내가 진실로 너희에게 이르노니 이스라엘의 모든 동네를 다 다니지 못하여서 인자가 오리라"

11) 원수를 사랑하라고 하셨고, 원수를 위해 기도하라고 하셨고, 원수갚는 일을 하지 말고 하나님께 맡기라고 하셨다.

(마 5:44) "나는 너희에게 이르노니 너희 원수를 사랑하며 너희를 박해하는 자를 위하여 기도하라"

(눅 6:35) "오직 너희는 원수를 사랑하고 선대하며 아무것도 바라지 말고 꾸어 주라 그리하면 너희 상이 클 것이요 또 지극히 높으신 이의 아들이 되리니 그는 은혜를 모르는 자와 악한 자에게도 인자하시니라"

(롬 12:19-20) "[19] 내 사랑하는 자들아 너희가 친히 원수를 갚지 말고 하나님의 진노하심에 맡기라 기록되었으되 원수 갚는 것이 내게 있으니 내가 갚으리라고 주께서 말씀하시니라 [20] 네 원수가 주리거든 먹이고 목마르거든 마시게 하라 그리함으로 네가 숯불을 그 머리에 쌓아 놓으리라"

12) **기도하는 사람이 되라고 하셨다.**

(마 26:41) "시험에 들지 않게 깨어 기도하라 마음에는 원이로되 육신이 약하도다 하시고"

(막 9:29) "이르시되 기도 외에 다른 것으로는 이런 종류가 나갈 수 없느니라 하시니라"

(막 11:24) "그러므로 내가 너희에게 말하노니 무엇이든지 기도하고 구하는 것은 받은 줄로 믿으라 그리하면 너희에게 그대로 되리라"

(눅 18:1) "예수께서 그들에게 항상 기도하고 낙심하지 말아야 할 것을 비유로 말씀하여"

(마 7:7-8) "[7] 구하라 그리하면 너희에게 주실 것이요 찾으라 그리하면 찾아낼 것이요 문을 두드리라 그리하면 너희에게 열릴 것이니 [8] 구하는 이마다 받을 것이요 찾는 이는 찾아낼 것이요 두드리는 이에게는 열릴 것이니라"

(요 15:7) "너희가 내 안에 거하고 내 말이 너희 안에 거하면 무엇이든지 원하는 대로 구하라 그리하면 이루리라"

(요 16:24) "지금까지는 너희가 내 이름으로 아무것도 구하지 아니하였으나 구하라 그리하면 받으리니 너희 기쁨이 충만하리라"

예수님은 기도로 본을 보이셨다. 예수님은 성자 하나님이시므로 기도하지 않아도 능력이 나타난다. 그러나 제자들에게 기도의 중요성을 가르치기 위해 본을 보이신 것이다.

(눅 6:12) "이 때에 예수께서 기도하시러 산으로 가사 밤이 새도록 하나님께 기도하시고"

(눅 9:29) "기도하실 때에 용모가 변화되고 그 옷이 희어져 광채가 나더라"

(눅 11:1-2) "[1] 예수께서 한 곳에서 기도하시고 마치시매 제자 중 하나가 여짜오되 주여 요한이 자기 제자들에게 기도를 가르친 것과 같이 우리에게도 가르쳐 주옵소서 [2] 예수께서 이르시되 너희는 기도할 때에 이렇게 하라 아버지여 이름이 거룩히 여김을 받으시오며 나라가 임하시오며"

(눅 22:44) "예수께서 힘쓰고 애써 더욱 간절히 기도하시니 땀이 땅에 떨어지는 핏방울 같이 되더라"

하나님의 집은 기도하는 집이라고 하셨다. 그러므로 심령교회도 기도하는 집이 되어야 하고, 유형교회도 기도하는 집이 되어야 하나님께 인정받는다.

(마 21:13) "그들에게 이르시되 기록된 바 내 집은 기도하는 집이라 일컬음을 받으리라 하였거늘 너희는 강도의 소굴을 만드는도다 하시니라"

13) 성령 받으라고 하셨다.

예수님은 성령세례 받으라고 하셨고, 성령 받으라고 하셨고, 성령 충만하라고 하셨다. 그리고 성령의 은사를 받으라고 하셨고, 성령의 능력을 받으라고 하셨고, 성령의 열매를 맺으라고 하셨다. 즉, 살아 계신 하나님을 만나고 바울처럼 목회를 시작하라는 것이다.

「성령세례」

(마 3:11) "나는 너희로 회개하게 하기 위하여 물로 세례를 베풀거니와 내 뒤에 오시는 이는 나보다 능력이 많으시니 나는 그의 신을 들기도 감당하지 못하겠노라 그는 성령과 불로 너희에게 세례를 베푸실 것이요"

(막 1:8) "나는 너희에게 물로 세례를 베풀었거니와 그는 너희에게 성령으로 세례를 베푸시리라"

(행 1:5) "요한은 물로 세례를 베풀었으나 너희는 몇 날이 못되어 성령으로 세례를 받으리라 하셨느니라"

「성령세례와 성령 받음」

(행 10:47) "이에 베드로가 이르되 이 사람들이 우리와 같이 성령을 받았으니 누가 능히 물로 세례 베풂을 금하리요 하고"

(행 11:16) "내가 주의 말씀에 요한은 물로 세례를 베풀었으나 너희는 성령으로 세례를 받으리라 하신 것이 생각났노라"

(고전 12:13) "우리가 유대인이나 헬라인이나 종이나 자유인이나 다 한 성령으로 세례를 받아 한 몸이 되었고 또 다 한 성령을 마시게 하셨느니라"

(요 20:22) "이 말씀을 하시고 그들을 향하사 숨을 내쉬며 이르시되 성령을 받으라"

(행 1:8) "오직 성령이 너희에게 임하시면 너희가 권능을 받고 예루살렘과 온 유대와 사마리아와 땅 끝까지 이르러 내 증인이 되리라 하시니라"

「성령 충만」

(행 2:4) "그들이 다 성령의 충만함을 받고 성령이 말하게 하심을 따라 다른 언어들로 말하기를 시작하니라"

(행 4:31) "빌기를 다하매 모인 곳이 진동하더니 무리가 다 성령이 충만하여 담대히 하나님의 말씀을 전하니라"

(행 11:24) "바나바는 착한 사람이요 성령과 믿음이 충만한 사람이라 이에 큰 무리가 주께 더하여지더라"
(행 13:9) "바울이라고 하는 사울이 성령이 충만하여 그를 주목하고"
(행 13:52) "제자들은 기쁨과 성령이 충만하니라"
(엡 5:18) "술 취하지 말라 이는 방탕한 것이니 오직 성령으로 충만함을 받으라"

「성령의 은사」
(고전 12:8-11) "[8] 어떤 사람에게는 성령으로 말미암아 지혜의 말씀을, 어떤 사람에게는 같은 성령을 따라 지식의 말씀을, [9] 다른 사람에게는 같은 성령으로 믿음을, 어떤 사람에게는 한 성령으로 병 고치는 은사를, [10] 어떤 사람에게는 능력 행함을, 어떤 사람에게는 예언함을, 어떤 사람에게는 영들 분별함을, 다른 사람에게는 각종 방언 말함을, 어떤 사람에게는 방언들 통역함을 주시나니 [11] 이 모든 일은 같은 한 성령이 행하사 그의 뜻대로 각 사람에게 나누어 주시는 것이니라"

「성령의 능력」
(행 10:38) "하나님이 나사렛 예수에게 성령과 능력을 기름 붓듯 하셨으매 그가 두루 다니시며 선한 일을 행하시고 마귀에게 눌린 모든 사람을 고치셨으니 이는 하나님이 함께 하셨음이라"
(롬 15:13) "소망의 하나님이 모든 기쁨과 평강을 믿음 안에서 너희에게 충만하게 하사 성령의 능력으로 소망이 넘치게 하시기를 원하노라"
(롬 15:19) "표적과 기사의 능력으로 성령의 능력으로 이루어졌으며 그리하여 내가 예루살렘으로부터 두루 행하여 일루리곤까지 그리스도의 복음을 편만하게 전하였노라"
(고전 2:4) "내 말과 내 전도함이 설득력 있는 지혜의 말로 하지 아니하고 다만 성령의 나타나심과 능력으로 하여"

「성령의 열매」
(갈 5:22-23) "[22] 오직 성령의 열매는 사랑과 희락과 화평과 오래 참음과 자비와 양선과 충성과 [23] 온유와 절제니 이같은 것을 금지할 법이 없느니라"

14) 귀신을 쫓아내고 병자를 치료하라고 하셨다.

(마 4:24) "그의 소문이 온 수리아에 퍼진지라 사람들이 모든 앓는 자 곧 각종 병에 걸려서 고통 당하는 자, 귀신 들린 자, 간질하는 자, 중풍병자들을 데려오니 그들을 고치시더라"

(행 10:38) "하나님이 나사렛 예수에게 성령과 능력을 기름 붓듯 하셨으매 그가 두루 다니시며 선한 일을 행하시고 마귀에게 눌린 모든 사람을 고치셨으니 이는 하나님이 함께 하셨음이라"

(눅 9:1-2) "[1] 예수께서 열두 제자를 불러 모으사 모든 귀신을 제어하며 병을 고치는 능력과 권위를 주시고 [2] 하나님의 나라를 전파하며 앓는 자를 고치게 하려고 내보내시며"

(마 10:8) "병든 자를 고치며 죽은 자를 살리며 나병환자를 깨끗하게 하며 귀신을 쫓아내되 너희가 거저 받았으니 거저 주라"

15) 성령을 받고 증인이 되라고 하셨다. 성령 받고 능력이 나타나야 증인이 된다.

(행 1:8) "오직 성령이 너희에게 임하시면 너희가 권능을 받고 예루살렘과 온 유대와 사마리아와 땅 끝까지 이르러 내 증인이 되리라 하시니라"

(행 5:32) "우리는 이 일에 증인이요 하나님이 자기에게 순종하는 사람들에게 주신 성령도 그러하니라 하더라"

(눅 24:49) "볼지어다 내가 내 아버지께서 약속하신 것을 너희에게 보내리니 너희는 위로부터 능력으로 입혀질 때까지 이 성에 머물라 하시니라"

예수님을 그리스도로 믿는 자에게는 표적이 나타나야 한다.
(막 16:17-18) "[17] 믿는 자들에게는 이런 표적이 따르리니 곧 그들이 내 이름으로 귀신을 쫓아내며 새 방언을 말하며 [18] 뱀을 집어올리며 무슨 독을 마실지라도 해를 받지 아니하며 병든 사람에게 손을 얹은즉 나으리라 하시더라"

16) 예수님이 직접 본을 보이셨다.
(요 13:15) "내가 너희에게 행한 것 같이 너희도 행하게 하려 하여 본을 보였노라"
(눅 11:28) "예수께서 이르시되 오히려 하나님의 말씀을 듣고 지키는 자가 복이 있느니라 하시니라"
모든 목회자는 예수님이 본을 보이신 것을 그대로 따라 행하면 된다. 예수님과 같은 마음과 행함으로 그 뒤를 따라가면 하나님이 기뻐하시고 자신도 기쁨으로 일하게 된다.
(롬 6:16) "너희 자신을 종으로 내주어 누구에게 순종하든지 그 순종함을 받는 자의 종이 되는 줄을 너희가 알지 못하느냐 혹은 죄의 종으로 사망에 이르고 혹은 순종의 종으로 의에 이르느니라"
예수님의 가르침대로 순종하면 예수님의 종이 되고 반대로 하면 마귀의 종이 된다.

CHAPTER

03

목회자의 사명

▼ 1. 목회자의 사명은 무엇인가?

▼ 2. 사명 감당하려면 어떻게 해야 하는가?

1. 목회자의 사명은 무엇인가?

1) 하나님 백성을 하나님 나라로 인도하는 일이다.

사람들에게 예수 그리스도의 복음을 전하여 믿도록 하며, 성령 받게 하여 죄를 회개하게 하고, 하나님 사랑과 이웃 사랑을 실천하게 하는 것이다.

예수님께서 베드로에게 주신 사명을 마음에 새겨야 한다.

(요 21:15-17) "[15] 그들이 조반 먹은 후에 예수께서 시몬 베드로에게 이르시되 요한의 아들 시몬아 네가 이 사람들보다 나를 더 사랑하느냐 하시니 이르되 주님 그러하나이다 내가 주님을 사랑하는 줄 주님께서 아시나이다 이르시되 내 어린 양을 먹이라 하시고 [16] 또 두 번째 이르시되 요한의 아들 시몬아 네가 나를 사랑하느냐 하시니 이르되 주님 그러하나이다 내가 주님을 사랑하는 줄 주님께서 아시나이다 이르시되 내 양을 치라 하시고 [17] 세 번째 이르시되 요한의 아들 시몬아 네가 나를 사랑하느냐 하시니 주께서 세 번째 네가 나를 사랑하느냐 하시므로 베드로가 근심하여 이르되 주님 모든 것을 아시오매 내가 주님을 사랑하는 줄을 주님께서 아시나이다 예수께서 이르시되 내 양을 먹이라"

예수님께서 제자들에게 주신 사명이다.

(마 28:19-20) "[19] 그러므로 너희는 가서 모든 민족을 제자로 삼아 아버지와 아들과 성령의 이름으로 세례를 베풀고 [20] 내가 너희에게 분부한 모든 것을 가르쳐 지키게 하라 볼지어다 내가 세상 끝날까지 너희와 항상 함께 있으리라 하시니라"

2) 사람들의 영혼을 살리고 행복하게 하는 것이다.

(요 10:10) "도둑이 오는 것은 도둑질하고 죽이고 멸망시키려는 것뿐이요 내가 온 것은 양으로 생명을 얻게 하고 더 풍성히 얻게 하려는 것이라"

성도가 교회에 나와서 선한 목회자를 만남으로 영생을 얻고 더 행복해지고 풍성한 삶을 살아야 한다. 하나님을 믿고 난 후의 삶이 선해지고 평안해져야 한다. 하나님 믿는 기쁨이 있고 삶의 방향이 변하고 마음과 생각도 변하고 성품도 달라져서 행복한 삶을 살아야 한다. 이렇게 인도하는 종이 하나님이 사용하시는 사람이다. 그런데 어떤 목회자는 성도를 더 힘들게 하고 성도를 더 불행하게 하고 교회를 떠나게 한다. 이런 사람은 마귀의 종이다.

3) 자기 뜻을 이루지 않고 하나님의 뜻을 이루어야 하는 것이다.

예수님이 겟세마네 동산에서 기도하시는 모습이다.

(눅 22:42) "이르시되 아버지여 만일 아버지의 뜻이거든 이 잔을 내게서 옮기시옵소서 그러나 내 원대로 마시옵고 아버지의 원대로 되기를 원하나이다 하시니"

이처럼 우리도 자신의 뜻을 이루는 목회자가 아니라, 십자가를 지고 죽을지라도 하나님의 뜻을 이루는 목회자가 되어야 한다. 그러므로 하나님의 뜻이 무엇인지를 먼저 깨달아야 한다.

(마 7:3) "어찌하여 형제의 눈 속에 있는 티는 보고 네 눈 속에 있는 들보는 깨닫지 못하느냐"

(마 13:13) "그러므로 내가 그들에게 비유로 말하는 것은 그들이 보아도 보지 못하며 들어도 듣지 못하며 깨닫지 못함이니라"

(마 13:14) "이사야의 예언이 그들에게 이루어졌으니 일렀으되 너희가 듣기는 들어도 깨닫지 못할 것이요 보기는 보아도 알지 못하리라"

(마 13:19) "아무나 천국 말씀을 듣고 깨닫지 못할 때는 악한 자가 와서 그 마음에 뿌려진 것을 빼앗나니 이는 곧 길 가에 뿌려진 자요"

(마 13:23) "좋은 땅에 뿌려졌다는 것은 말씀을 듣고 깨닫는 자니 결실하여 어떤 것은 백 배, 어떤 것은 육십 배, 어떤 것은 삼십 배가 되느니라 하

시더라"
하나님의 뜻을 깨닫고 행하는 자가 하나님 뜻을 이루는 자다.

2. 사명 감당하려면 어떻게 해야 하는가?

1) 자기를 부인하고 하나님 뜻만 나타내야 한다.
(마 16:24) "이에 예수께서 제자들에게 이르시되 누구든지 나를 따라오려거든 자기를 부인하고 자기 십자가를 지고 나를 따를 것이니라"

예수님의 제자가 되려면 자기를 부인해야 한다. 지금까지 습득한 세상 철학, 세상 지식과 경험을 내려놓고 자신의 자아, 자존심도 내려놓으라는 말씀이다. 그리고 예수님의 가르침을 새로운 지식으로 습득하고 말씀에 순종하는 삶을 살아봐야 하나님의 말씀이 살아 있고 능력 있고 바른 말씀이요 진리라는 것을 경험하게 된다. 예수님의 가르침대로 해보지 않으면 깨달을 수 없다.

자기를 부인하지 않고 예수님을 따르는 사람은 결과적으로 가룟 유다처럼 된다. 은혜도 받지 못하고 깨달음도 얻지 못하고 거짓 제자가 되고 영벌 받는다.

2) 자기 십자가(사명)를 지고 가야 한다.
목회자에게는 두 가지 사명이 있다.
첫째는 목회적 사명이다.
둘째는 가정의 가장으로서의 사명이다.
이 두 가지를 모두 잘 감당해야 한다.

첫째는 목회적 사명이다.

예수님이 지신 십자가는 예수님의 사명이다. 사명을 짊어지고 가는 사람에게는 조롱, 핍박, 멸시, 천대, 모함, 고난, 고통, 죽음과 같은 어려움이 따라온다.

예수님이 지고 가신 십자가는 다른 사람이 질 수 없다. 오직 예수님만 지고 가시는 사명이다. 고통스럽고 힘들고 마음이 아파도 지고 가셔야 한다. 사명이니까 아무도 대신 해 줄 수 없다.

목회자로 부름을 받은 사람들도 마찬가지다. 자기에게 주어진 사명을 짊어지고 가야 한다. 목회자의 사명은 하나님의 종으로 부름을 받았으니 복음 전하다 순교를 당해도 가는 것이다. 이런 각오가 있어야 마귀의 속임수를 이기고 갈 수 있다.

십자가는 살기 위해 지는 것이 아니라 죽기 위해 지는 것이다. 많은 사람이 목회자가 되어 성공하여 화려한 목회를 꿈꾸고 있다. 잘못된 생각이다. 목회자의 길은 예수님이 가신 길과 사도들이 간 길과 같다. 힘들고 고생스럽고 비난과 비평을 받고 배신당하고 미움받고 멸시받고 천대받고 박해를 당하는 순교자의 길을 가는 것이다. 십자가를 지고 죽으러 가는 것이지 살려고 가는 길이 아니다. 그래서 죽을 때까지 자기 사명을 감당해야 한다.

둘째는 가정의 가장으로서의 사명이다.

목회한다고 가정에서 배우자와 부모와 자녀를 돌보지 않으면 불신자보다 더 악한 자이다. 즉, 하나님께 인정받지 못한다는 말이다. 많은 목회자가 이런 기본을 모르고 목회하다가 엘리 제사장처럼 자기도 죽고 자녀들도 죽게 한다.

(딤전 5:8) "누구든지 자기 친족 특히 자기 가족을 돌보지 아니하면 믿음을 배반한 자요 불신자보다 더 악한 자니라"

(딤전 3:2-5) "[2] 그러므로 감독은 책망할 것이 없으며 한 아내의 남편이

되며 절제하며 신중하며 단정하며 나그네를 대접하며 가르치기를 잘하며 [3] 술을 즐기지 아니하며 구타하지 아니하며 오직 관용하며 다투지 아니하며 돈을 사랑하지 아니하며 [4] 자기 집을 잘 다스려 자녀들로 모든 공손함으로 복종하게 하는 자라야 할지며 [5] (사람이 자기 집을 다스릴 줄 알지 못하면 어찌 하나님의 교회를 돌보리요)"
(딛 1:5-6) "[5] 내가 너를 그레데에 남겨 둔 이유는 남은 일을 정리하고 내가 명한 대로 각 성에 장로들을 세우게 하려 함이니 [6] 책망할 것이 없고 한 아내의 남편이며 방탕하다는 비난을 받거나 불순종하는 일이 없는 믿는 자녀를 둔 자라야 할지라"

다수의 목회자가 교회 일은 열심히 하여 성공한 것처럼 보이나, 가정 일을 잘못하여 사모와의 관계가 나쁘고 자녀들은 곁길로 가고 있다. 어떤 자녀는 교회를 안 다니겠다고 말한다. 이런 목회자는 잘못된 길을 가고 있다. 위의 하나님 말씀에 걸린다. 하나님은 어떻게 평가하실까?

혼자만 구원받고 부인과 자녀들은 지옥에 보내는 목회자가 진정으로 하나님의 말씀을 깨닫고 순종한 사람인가 생각해 보아야 한다. 아니면 자신이 맹인된 인도자가 되지 않았는가도 생각해 보아야 한다.

(마 15:14) "그냥 두라 그들은 맹인이 되어 맹인을 인도하는 자로다 만일 맹인이 맹인을 인도하면 둘이 다 구덩이에 빠지리라 하시니"

(마 23:15-16) "[15] 화 있을진저 외식하는 서기관들과 바리새인들이여 너희는 교인 한 사람을 얻기 위하여 바다와 육지를 두루 다니다가 생기면 너희보다 배나 더 지옥 자식이 되게 하는도다 [16] 화 있을진저 눈 먼 인도자여 너희가 말하되 누구든지 성전으로 맹세하면 아무 일 없거니와 성전의 금으로 맹세하면 지킬지라 하는도다"

누구든지 하나님의 말씀대로 살지 않은 사람은 불순종한 사람이다. 그에게는 하나님의 심판이 기다리고 있다.

(신 28:15-19) "[15] 네가 만일 네 하나님 여호와의 말씀을 순종하지 아니하여 내가 오늘 네게 명령하는 그의 모든 명령과 규례를 지켜 행하지 아니하면 이 모든 저주가 네게 임하며 네게 이를 것이니 [16] 네가 성읍에서도 저주를 받으며 들에서도 저주를 받을 것이요 [17] 또 네 광주리와 떡 반죽 그릇이 저주를 받을 것이요 [18] 네 몸의 소생과 네 토지의 소산과 네 소와 양의 새끼가 저주를 받을 것이며 [19] 네가 들어와도 저주를 받고 나가도 저주를 받으리라"

목회자는 첫째 사명도 잘 감당하고 둘째 사명도 잘 감당해야 한다.

성경을 잘못 깨달아 목회한다고 가정은 팽개치고 교회 일만 열심히 하다가 이혼하는 목회자도 있고, 자녀가 가출하는 일도 있고, 자녀가 장성하여 '부모님을 보니 하나님이 안 계시다'고 하는 경우도 있다. 또 목회자가 부모에게도 전혀 신경을 쓰지 않아 부모가 하나님을 믿지 않겠다고 말하는 경우도 있다. 자기 가정의 식구도 불신자로 만드는 사람이 어떻게 다른 가정을 신자로 만들겠는가?

그래서 가정을 돌보지 못한 자는 교회의 지도자로 세우지 말라고 하신 것이다.

3) 예수님의 뒤를 따라야 한다.

예수님의 뒤를 따르는 것은 예수님의 말씀을 믿고 예수님처럼 행하는 것이다. 힘들어도 참고 멸시해도 참으며 자기 사명을 짊어지고 예수님처럼 사는 것이다.

예수님 즉, 하나님께서 종인 사람의 모습으로 오셔서 낮아지고 섬기고 온유하고 겸손하고 돕는 자가 되셨다. 어려운 사람, 병든 사람, 귀신들린 사람, 고통 중에 있는 사람, 천한 자와 부한 자, 낮은 자와 높은 자, 죄인과 의인을 구분하지 않고 섬기고 도와주셨다. 그리고 복음을 전하셨다.

목회자는 예수님처럼 살아야 한다. 사도 바울도 예수님처럼 살았다. 그래서 훌륭한 사도가 된 것이다.

예수님은 거저 받았으니 거저 주라고 하셨다.

(마 10:8) "병든 자를 고치며 죽은 자를 살리며 나병환자를 깨끗하게 하며 귀신을 쫓아내되 너희가 거저 받았으니 거저 주라"

이렇게 사는 것이 예수님의 뒤를 따르는 것이다.

4) 사명을 감당하는 자에게는 상급을 주신다.

힘들지만 끝까지 사명을 감당하는 사람에게 상을 준비해 놓으셨다.

(히 11:6) "믿음이 없이는 하나님을 기쁘시게 하지 못하나니 하나님께 나아가는 자는 반드시 그가 계신 것과 또한 그가 자기를 찾는 자들에게 상 주시는 이심을 믿어야 할지니라"

(약 1:12) "시험을 참는 자는 복이 있나니 이는 시련을 견디어 낸 자가 주께서 자기를 사랑하는 자들에게 약속하신 생명의 면류관을 얻을 것이기 때문이라"

(고전 15:58) "그러므로 내 사랑하는 형제들아 견실하며 흔들리지 말고 항상 주의 일에 더욱 힘쓰는 자들이 되라 이는 너희 수고가 주 안에서 헛되지 않은 줄 앎이라"

(벧전 5:1-4) "[1] 너희 중 장로들에게 권하노니 나는 함께 장로 된 자요 그리스도의 고난의 증인이요 나타날 영광에 참여할 자니라 [2] 너희 중에 있는 하나님의 양 무리를 치되 억지로 하지 말고 하나님의 뜻을 따라 자원함으로 하며 더러운 이득을 위하여 하지 말고 기꺼이 하며 [3] 맡은 자들에게 주장하는 자세를 하지 말고 양 무리의 본이 되라 [4] 그리하면 목자장이 나타나실 때에 시들지 아니하는 영광의 관을 얻으리라"

CHAPTER 04

목회자가 되기 전에 점검할 일

▼ 1. 자신에게 목회자의 자질이 있는지 점검하라

▼ 2. 성경말씀대로 살고 있는 사람이 목회자가 되어야 한다

▼ 3. 목회자의 삶은 매우 힘든 일이다

▼ 4. 목회자는 존경받고 대접받고 높임받는 직책이 아니다

▼ 5. 목회하면서 겪는 고통

▼ 6. 목회자가 잘해야 하는 것

▼ 7. 평신도보다 목회자가 더 많은 죄를 짓는다

1. 자신에게 목회자의 자질이 있는지 점검하라

1) 목회자의 자질이 있는가?

목회자가 되기 전에 자기 점검이 필요하다. 인성과 영성이 바르게 되어 있는가?

인성과 영성이 잘못된 사람이 목회자가 되면 마귀 역할을 한다. 사기꾼, 거짓말쟁이, 강도, 도둑, 강간범, 예의범절을 모르는 사람, 주변에서 욕먹는 사람은 목회자가 되지 않아야 한다. 은혜로울 때는 죄를 범하지 않으나 은혜가 떨어지면 옛 성품이 나오고 죄를 짓는다. 그래서 큰 죄를 짓고 교회와 하나님을 부끄럽게 하는 3계명을 어기게 된다.

(출 20:7) "너는 네 하나님 여호와의 이름을 망령되게 부르지 말라 여호와는 그의 이름을 망령되게 부르는 자를 죄 없다 하지 아니하리라"

또 영성이 바르지 않은 사람은 교회생활을 잘못했으므로 하나님께 인정받지 못한다. 그래서 목회자가 되어도 하나님께 복을 받지 못하여 목회가 되지 않거나, 잘 되어도 자기 뜻을 이루고 잘못된 길로 간다.

그러므로 목회자가 되기 전에 자신의 인성과 영성을 점검해 보아야 한다. '내가 과연 하나님의 종이 될 수 있을까? 하나님께 인정받을까?' 깊이 생각하고 결정해야 한다.

다음과 같은 것을 점검하여 좋은 점수가 나오면 목회자가 되어도 좋다.

인성, 인격, 성품, 정직, 진실, 성실, 근면, 검소, 부지런함, 책임감, 지식, 교회생활의 모범, 충성, 열심, 헌신, 헌금, 솔선수범, 기도, 언행일치, 성령 충만, 지혜, 칭찬 들음 등을 점검해 보아야 한다.

예1) 어떤 남자 집사

타 교회에서 50대 초반의 남자 집사가 찾아와 상담을 요청했다. 작은 교회의 재정부장을 오랫동안 했는데 은혜받고 나서 하나님의 종이 되겠다는 서약을 했다고 한다. 그런데 사는 것이 바빠서 신학교를 가지 못했다가 이제라도 가서 목회자가 되려고 하는데 어떻게 했으면 좋겠냐는 내용이었다.

그래서 여러 가지를 물어보았다. 학력은 국졸이고, 재산은 연립 한 채가 있고, 직장에서 기술직으로 일한다고 하였다. 겉으로 보기에는 순진해 보였다. 그러나 그 사람과 대화하면서 여러 가지 문제점을 발견했다. 교회생활은 열심히 하였으나 성령 충만하지 못했다. 성령의 능력도 없고 지혜도 없고 지식도 없었다. 그리고 음악에 대해서도 모르고 설교도 모른다. 교회 운영도 모른다. 지도력과 통솔력도 안 보이고 순진하기만 했다. 그래서 신학하지 말고 그냥 현재 교회에서 충성하라고 말해 주었다. 집사로 충성해도 하나님께 인정받으면 하늘의 상급이 크다고 말하였다. 목사가 되어서 불충하면 그 죄가 커서 벌을 받는다고 하지 말라고 하였다. 교회의 직책이 중요한 것이 아니라 하나님 말씀대로 살며 충성과 헌신했느냐가 중요하다고 말해 주었다.

그 후 몇 년이 지났는데, 그 집사가 목사가 되어 교회를 개척하였다며 다시 찾아왔다. 그리고 5년이 지난 후에 또 찾아와 교회가 부흥이 안 된다며 어떻게 해야 부흥하느냐고 물었다. 성도의 수가 얼마나 되는지 물어보니 5명 정도라고 하는 것이다. 그리고 몇 년이 더 지나서 목회가 안 되어 고생하다가 죽었다는 이야기를 들었다. 참으로 안타까웠다. 집사로 충성했더라면 그렇게 고생하지 않고 살다가 하나님 나라에 갔을 텐데 하는 생각을 하였다.

예2) 어떤 여자 집사

한 여자 집사가 신학교를 가겠다며 추천서를 써달라고 찾아왔다. 이 집사는 자궁암에 걸렸었는데 우리 교회에 와서 기도를 받고 자궁의 혹이 없어졌다. 성령 하나님께서 치료해 주신 것이다. 그 후 신앙생활을 잘하고 있었는데 갑자기 신학을 하겠다고 한 것이다. 그래서 왜 그런 생각을 했느냐고 물었더니, 기도원에서 예언을 받았는데 하나님의 종으로 사용하겠다는 말씀을 들었다는 것이다. 나는 '집사님은 안 된다.'고 하였다. 그냥 집사로 신앙생활 하라고 말하며 추천서는 써줄 수 없다고 거절했다. 당시 그 여자 집사에게는 말하지 못했으나 그녀는 성품이 안 좋았다. 인성도 안 좋았다. 학력도 낮았고 생각하고 말하는 것도 많이 부족했다. 성도들이 싫어하는 사람이었다. 이렇게 자기 신앙생활을 하는 것도 부족한데 교회 지도자가 될 수는 없었다. 그래서 추천서를 써주지 않았다.

몇 달 후에 여자 집사는 우리 교회를 떠났고 다른 목회자에게 추천받아 신학교에 다닌다는 이야기를 들었다. 그리고 신학교를 졸업하고 전도사가 되어 다른 교회에서 시무하였으나 1년만 되면 퇴직하였고, 그 후로도 여러 교회를 다녔으나 오래 있지 못하고 그만두었다고 한다. 그렇게 신학교를 졸업 후 10년쯤 되었을 때 옥상에서 뛰어내려 극단적 선택을 했다는 보고를 받았다. 이유는 사는 것이 너무 힘들어 그랬다는 것이다. 목회자가 되면 대접받고 생활도 펴지고 잘 살 줄 알았던 것 같다. 잘못 알았던 것이다.

인성과 영성이 부족한 사람이 목회자가 되면 하나님께 인정받지 못하고, 목회가 되지 않으니 생활고를 많이 겪게 된다. 그래서 자신을 점검해 보라고 하는 것이다.

2) 신앙적인 면

많은 목회자가 신앙의 기본적인 생활도 못한다. 평신도 때 교회생활을 충실하게 하지 않은 것이다. 그러다가 어떤 계기가 되어 신학을 하고 목회자가 된다. 그러나 목사가 되었으니 하나님의 종이 되었다는 생각은 잘못된 것이다.

신학교를 나오면 마귀가 들어있는 사람, 성령 받지 못한 사람도 목사 안수를 받을 수 있다. 그러므로 목사가 되었다고 모두 하나님의 종인 것은 아니다. 하나님의 종은 성령 하나님이 기름 부어 주셔야 되는 것이다. 성령 하나님은 아무에게나 기름 붓지 않으신다. 하나님의 마음에 드는 사람에게만 기름 부어 사용하신다.

많은 사람이 착각하고 있는 것이 목사가 되었으니 기름 부음을 받았다고 믿는 것이다. 이것은 잘못된 믿음이다. 그래서 거짓 목회자가 많이 생기는 것이다.

거짓 목회자는 하나님의 이름을 팔아 자기 목적을 이룬다. 성령 하나님이 기름 부은 사람은 자기를 부인하고 자기 뜻을 이루지 않고 하나님의 뜻을 이룬다. 그 차이는 열매를 보면 알 수 있다. 그러므로 목회자가 되기 전에 자기의 신앙생활을 점검해 보아야 한다.

예배, 기도생활, 헌신, 헌금, 충성, 순종, 찬송, 전도, 성경공부, 성령이 충만하여 칭찬받고 있는가를 점검해 보라. 교회생활의 기본도 못한 사람이 목회자가 되면 성도에게도 비슷하게 가르친다. 결과적으로 많은 영혼을 죽이는 결과를 만든다. 이렇게 되면 본인도 구원받지 못하고 망한다.

(마 18:6) "누구든지 나를 믿는 이 작은 자 중 하나를 실족하게 하면 차라리 연자 맷돌이 그 목에 달려서 깊은 바다에 빠뜨려지는 것이 나으니라"

(딤전 3:6) "새로 입교한 자도 말지니 교만하여져서 마귀를 정죄하는 그 정죄에 빠질까 함이요"

꼭 신학공부를 하고 싶으면 몇 년 더 열심히 교회 일을 하면서 자신이 신앙의 지도자가 될 수 있는지 점검해 보고 하라. 교회의 여러 가지 일을 경험해 보고 장단점을 배우고 더 발전시킬 방법도 찾은 후 신학을 하면 훌륭한 목회자가 될 것이다.

3) 가정적인 면

목회자가 되려면 가정에서 본이 되어야 한다.

디모데전서 3장에서 말하고, 디도서 1장에서도 말하고 있다.

신앙생활의 본이 되어야 하고, 가정생활에서도 책임감이 있고 의무를 다해야 하며, 배우자를 사랑하고 돕고 자녀들을 사랑과 믿음으로 양육해야 한다. 이런 것을 잘하고 있는지 점검해 보고 세우라고 하였다.

가정에서 인정받지 못한 사람은 교회에서 대중에게도 인정받지 못한다. 오히려 하나님의 교회를 욕되게 한다. 마귀에게 조롱을 당한다. 그래서 세우지 말라고 하신 것이다.

(딤전 3:2-5) "[2] 그러므로 감독은 책망할 것이 없으며 한 아내의 남편이 되며 절제하며 신중하며 단정하며 나그네를 대접하며 가르치기를 잘하며 [3] 술을 즐기지 아니하며 구타하지 아니하며 오직 관용하며 다투지 아니하며 돈을 사랑하지 아니하며 [4] 자기 집을 잘 다스려 자녀들로 모든 공손함으로 복종하게 하는 자라야 할지며 [5] (사람이 자기 집을 다스릴 줄 알지 못하면 어찌 하나님의 교회를 돌보리요)"

(딛 1:6) "책망할 것이 없고 한 아내의 남편이며 방탕하다는 비난을 받거나 불순종하는 일이 없는 믿는 자녀를 둔 자라야 할지라"

목회자의 자녀들인데 중고등학교나 대학에 들어가면 예배 출석을 하지 않고 자기 생각대로 사는 것을 보게 된다. 성인이 되어 독립하거나 결혼하면 하나님을 믿지 않는 자녀들도 보았다. 그들은 부모에게서 상처를 많이 받았고, 부모를 보면 하나님이 안 계시다고 느껴진다고 하였다.

이것은 목회자의 큰 실수다. 성경을 잘못 이해하여 목회만 하겠다고 가정에서 하나님 사랑과 이웃 사랑을 실천하지 않아서 그렇게 된 것이다.

사도 바울은 말한다.

(딤전 5:8) "누구든지 자기 친족 특히 자기 가족을 돌보지 아니하면 믿음을 배반한 자요 불신자보다 더 악한 자니라"

불신자보다 더 악한 자라면 어떻게 되겠는가? 불신자는 지옥에 가는데 그 불신자보다 더 악하다면 당연히 지옥 간다는 말씀도 된다.

이 모두가 이웃 사랑을 잘못 해석하여 생긴 일이다. **「성경의 핵심은 하나님 사랑 이웃 사랑」**이라는 책을 보았으면 한다.

목회자는 자기 가족을 돌보아야 하는 책임과 의무가 있다. 안 하면 죄다.

이것을 못하는 사람은 주의 종으로 세우지 말라고 하였다. 배우자나 부모나 자녀를 사랑하지 않은 사람은 하나님을 잘못 믿은 사람이다.

자기 가정을 다스리지 못한 사람이 어찌 하나님의 많은 사람을 돌볼 수 있느냐는 것이다. 자녀를 하나님 믿지 않는 사람으로 만든 것은 자녀들에게 신앙의 본을 보이지 않았기 때문이다.

예1)

어떤 목회자는 교회 일을 한다고 가족을 돌보지 않고 생활도 책임지지 않고 교회, 노회, 총회에 가서 산다. 저녁에도 집에 있기가 불편하니 교회에서 기도한다고 나가버린다. 사모가 아르바이트를 하여 자녀를 키우며 생활하고, 자녀들은 가난하여 하고 싶은 것, 먹고 싶은 것을 충족하지 못하고 자란다. 거기다 가끔 사모와 돈 문제, 교인 문제, 자녀 문제로 다툰다. 자녀들은 이런 환경에서 하나님 믿는 아버지를 보면서 크게 실망한다. 빨리 커서 가정을 탈출하고 싶은 마음이 생긴다. 그래서 크면 교회를 안 나가게 된다.

예2)

목회자인 아버지가 교회 일은 열심히 하여 성도가 100명이 넘어 가정의 생활 형편은 안정되었다. 그런데 집에 오면 어머니에게 성질을 잘 부리고 폭언을 한다. 자녀들에게도 심한 말을 했다. 배우자와 자녀들이 상처를 많이 받았으나 목회자 가정이니 참고 살았다. 교회에서는 인자하고 친절한 목사님인데 집에 오면 무서운 남편, 무서운 아버지다. 자녀들은 아버지에게 실망하여 다른 길을 갔다.

목회자가 되기 전에 자신을 점검해 보고 자격이 있으면 목회자가 되어야 한다. 즉, 목회자가 되기 전에 위의 하나님 말씀을 잘 지켰다면 평상시에 말씀을 깨닫고 순종을 잘하는 사람이다. 위의 말씀을 지키지 않았다면 평상시 하나님의 말씀을 깨닫지도 못하고 불순종하는 사람이다. 이런 사람은 목회자가 되어서도 하나님의 말씀에 불순종하여 결국은 하나님과 상관없는 사람이 된다.

목회자는 가정생활과 교회생활의 본이 되어야 한다.
(딤전 1:16) "그러나 내가 긍휼을 입은 까닭은 예수 그리스도께서 내게 먼저 일체 오래 참으심을 보이사 후에 주를 믿어 영생 얻는 자들에게 본이 되게 하려 하심이라"
(딤전 4:12) "누구든지 네 연소함을 업신여기지 못하게 하고 오직 말과 행실과 사랑과 믿음과 정절에 있어서 믿는 자에게 본이 되어"
(벧전 5:3) "맡은 자들에게 주장하는 자세를 하지 말고 양 무리의 본이 되라"

2. 성경말씀대로 살고 있는 사람이 목회자가 되어야 한다

1) 매우 중요한 일이다.

목회자의 자질이 있는 사람이 신학을 공부하면 하나님께서 인도하여 양을 살리는 목자로 사용하신다. 그런데 목회자의 자질이 없는 사람이 신학을 공부하여 목회자가 되면, 본인도 죽고 가족도 죽이고 하나님의 양도 죽이는 자가 된다. 결과적으로 큰 심판을 받게 된다. 목자가 되지 않는 것이 좋았을 것이다.

2) 여러 가지 자질 점검

· 악한 일을 하지 않고 선한 일만 하는 사람
· 가족이나 주변 사람에게 책망받을 일을 하지 않고 칭찬받는 일만 하는 사람

· 한 아내의 남편으로서 정절을 지킨 사람, 결혼하여서 다른 여인과 간음하지 않는 사람
· 절제할 줄 알고 모든 일을 신중하게 생각하고 실수가 적은 사람
· 자신의 내면과 외모를 단정하게 하는 사람
· 어려운 사람을 보면 도와주는 사람
· 가르치면 많은 사람이 은혜받는 사람
· 술을 먹지 않는 사람
· 폭언이나 폭행을 하지 않는 사람
· 타인에 대하여 관대하게 용서하는 사람
· 말이나 행동으로 다투지 않는 성품을 가진 사람
· 돈 욕심이 없는 사람, 돈에 대해 정직한 사람, 돈으로 피해를 주지 않는 사람
· 자기 집의 아내나 자녀를 잘 다스려 신앙생활을 잘하고 예의범절을 갖추게 한 사람
· 교회 일을 여러 가지 많이 해 본 사람
· 교만하지 않고 겸손한 사람
· 불신자나 주변 사람에게서 선한 사람이라는 칭찬을 듣는 사람

목회자를 이런 검증을 해 보고 세우라는 것이다. 이런 검증에 미달인 사람이 목회자가 되면 목회도 안 되어 고생하고, 다른 사람을 죽이는 사람이 되어 하나님께 심판받게 되므로 안 하는 것이 지혜로운 것이다.

주변의 목회자 중에 이런 자격에 미달인 사람을 많이 보는데 참으로 안타깝게 생각한다. 이들은 성경도 모르고 하나님도 모르는 것 같다. 결과적으로 하나님의 종이라고 하면서 자신도 모르게 마귀의 종노릇하다가 심판받는다. 그런데 이것을 모르고 있다. 비극적인 일이다.

성경을 읽어도 뜻도 모르고 자기 생각대로 목회하고 산다. 그러니 안타

깝다. 자기가 하나님을 잘못 알고 잘못 믿어 심판받고, 그 신앙이 아내와 자녀에게까지 미쳐 같이 심판받는다는 것도 모른다. 그의 가르침을 받는 성도들도 마찬가지가 된다. 소경이 소경을 인도하게 되는 것이다.

'저 사람은 목회자가 되지 말고 평신도로 일했으면 구원받았을 텐데 목회자가 되어 고생만 하고 심판받는구나' 하는 생각이 드는 사람이 많다.

이런 사실을 알았으면 매일 저녁 잠자지 말고 강단에 엎드려 하나님께 용서해 달라고 회개 기도하고, 목회자로서 부족한 자질을 하나씩 열거하며 자기의 생각과 성품을 바꾸어 달라고 몸부림쳐야 한다. 그러면 하나님께서 응답해 주시지 않겠는가.

디도서에서 배우고 점검해야 한다.

(딛 1:5-9) "[5] 내가 너를 그레데에 남겨 둔 이유는 남은 일을 정리하고 내가 명한 대로 각 성에 장로들을 세우게 하려 함이니 [6] 책망할 것이 없고 한 아내의 남편이며 방탕하다는 비난을 받거나 불순종하는 일이 없는 믿는 자녀를 둔 자라야 할지라 [7] 감독은 하나님의 청지기로서 책망할 것이 없고 제 고집대로 하지 아니하며 급히 분내지 아니하며 술을 즐기지 아니하며 구타하지 아니하며 더러운 이득을 탐하지 아니하며 [8] 오직 나그네를 대접하며 선행을 좋아하며 신중하며 의로우며 거룩하며 절제하며 [9] 미쁜 말씀의 가르침을 그대로 지켜야 하리니 이는 능히 바른 교훈으로 권면하고 거슬러 말하는 자들을 책망하게 하려 함이라"

디도서의 말씀을 요약하면 목회자는,
· 책망할 것이 없어야 할 정도로 모든 면에 본이 되어야 한다.
· 남편의 책임과 의무를 다하고 다른 여자와 부적절한 관계가 없어야 한다. 바람둥이는 안 된다.
· 자녀가 방탕하거나 부모의 말씀에 불순종하는 일이 없어야 한다.
· 자기 고집이나 자기 생각대로 결정하거나 일하지 않고 의논하여 좋은

방법으로 해야 한다.
- 성품이 급하지 않아야 하며 분을 내거나 신경질을 내지 않아야 한다.
- 술을 먹지 않아야 한다.
- 가족이나 타인과 싸우지 않고 폭언, 폭행하지 않아야 한다.
- 돈에 거짓이 없어서 이웃의 것을 속여 이득을 취하지 않아야 한다.
- 나그네나 불쌍한 사람에게 도움을 주는 사람이어야 한다.
- 항상 악을 행하지 않고 선을 행하는 사람이어야 한다.
- 모든 일에 신중하여 실수하지 않아야 한다.
- 말과 행동, 그리고 결정이 의로워야 한다.
- 항상 거룩하게 살아야 한다.
- 모든 일과 성품을 절제하는 사람이어야 한다.
- 자신이 한 말은 자신이 먼저 그대로 지키는 사람이어야 한다. 말과 행동이 일치해야 한다.

사도행전에 기록된 말씀을 배우고 점검해야 한다.

(행 20:28-35) "[28] 여러분은 자기를 위하여 또는 온 양 떼를 위하여 삼가라 성령이 그들 가운데 여러분을 감독자로 삼고 하나님이 자기 피로 사신 교회를 보살피게 하셨느니라 [29] 내가 떠난 후에 사나운 이리가 여러분에게 들어와서 그 양 떼를 아끼지 아니하며 [30] 또한 여러분 중에서도 제자들을 끌어 자기를 따르게 하려고 어그러진 말을 하는 사람들이 일어날 줄을 내가 아노라 [31] 그러므로 여러분이 일깨어 내가 삼 년이나 밤낮 쉬지 않고 눈물로 각 사람을 훈계하던 것을 기억하라 [32] 지금 내가 여러분을 주와 및 그 은혜의 말씀에 부탁하노니 그 말씀이 여러분을 능히 든든히 세우사 거룩하게 하심을 입은 모든 자 가운데 기업이 있게 하시리라 [33] 내가 아무의 은이나 금이나 의복을 탐하지 아니하였고 [34] 여러분이 아는 바와 같이 이 손으로 나와 내 동행들이 쓰는 것을

충당하여 [35] 범사에 여러분에게 모본을 보여준 바와 같이 수고하여 약한 사람들을 돕고 또 주 예수께서 친히 말씀하신 바 주는 것이 받는 것보다 복이 있다 하심을 기억하여야 할지니라"

이것은 사도 바울이 한 말이다. 위와 같은 자질이 없다면 목회자가 되지 않는 것이 지혜로운 일이다.

자기 생각대로 목회자가 되지 말고 성령 받아 인도하심으로 목회자가 되어야 한다.

성령님을 만났는가? 그리고 성령 하나님이 하나님의 종으로 세우시고 예수님의 피로 세운 교회를 보살피게 하였는가?

자신이 확실하게 성령 하나님을 만났는지 반드시 점검해 봐야 한다.

위의 말씀과 같은 자질이 있다면 부족한 것은 기도하여 하나님께 받아서 하면 된다.

3. 목회자의 삶은 매우 힘든 일이다

1) 평생 새벽기도를 해야 한다.
2) 가난해야 한다.
3) 고난과 박해도 받아야 한다.
4) 모든 생활의 본이 되어야 한다.
5) 언행일치가 되어야 한다.
6) 높은 인격을 요구한다.
7) 평생 공부해야 한다.
8) 성령세례, 성령의 은사, 성령의 열매가 있어야 한다.
9) 평생 성경을 연구해야 하고, 성경을 정확하게 해석하여 전달해야 한다.

10) 목사의 책임이 평신도보다 무겁고 중하다.
11) 목회자의 길을 잘못가면 더 큰 심판을 받는다.
12) 힘들어도 하나님 말씀대로 하면 더 큰 상을 받는다.

4. 목회자는 존경받고 대접받고 높임받는 직책이 아니다

큰 교회를 다니는 어떤 집사가 담임목사님을 보니 모든 것이 좋아 보여 부러움을 가졌다. '나도 목사가 되어 저렇게 존경받고 대접받으며 살고 싶다.' 하는 생각을 가졌다. 그래서 신학교를 나와 목사가 되었다. 그 후 교회를 개척하여 나름대로 열심히 일했다. 하지만 5년이 지났는데도 성도가 10명 정도였다.

더 열심히 해봤지만 10년이 되어도 성도는 10명이었다. 그는 지쳤다. 그래서 포기하고 목회를 접었다. 다시 도전해 보고 싶은 마음도 없었다. 그는 다른 직업을 찾았고 새로운 일을 하면서 후회가 많이 되었다. 목사 안수는 받았는데 다른 일을 하며 먹고 사는 것이 하나님께 죄스러웠다. 그리고 일반 교회에 등록도 안 하고 다녔다. 목사라고 직분을 쓰기도 부끄럽고 아니라고 하기도 죄스러웠다. 그래서 주변 교회를 가지 않고 집에서 가족끼리 예배를 드리게 되었다. 지금 본인이 하고 있는 신앙생활이 맞는 것인지 잘못된 것인지도 분별하지 못하고 있다.

이렇게 목사 안수를 받고서 목회를 안 하는 사람이 많다고 한다.
왜 이런 결과를 만들었는지 깊게 생각해 보아야 한다.
첫출발부터 잘못된 마음과 생각으로 시작했기 때문이다. 목회자가 무엇을 해야 하는지 정확하게 모르고 막연하게 좋은 모습만 보고 목사 안수를 받았기 때문이다.

목회자는 하나님의 부르심이 있어야 한다. 그리고 사명이 있어야 한다. 이런 것을 깨달으려면 기도생활을 많이 하여 살아 계신 하나님을 만나야 한다. 하나님께서 목회자로 부르심에 대한 소명과 확신이 있어야 한다.

이런 것을 하지 않고 좋은 생각만으로 목회자가 된 많은 사람이 고생하고 있다. 하나님께 인정받지도 못하고 있으며, 영은 죽어 있고 육은 병들어 있다. 하나님의 사역을 하는 사람도 있고 하지 않고 있는 사람도 많다.

이 책을 끝까지 읽고 해결 방법을 얻어 도전해 보기 바란다.

5. 목회하면서 겪는 고통

1) 목회가 마음처럼 되지 않고 교회가 성장하지 않는다.
2) 수많은 시련을 겪으며 지친다.
3) 목회 현장에서 영적인 갈등과 고통을 겪는다.
4) 빈곤한 생활 속에서 고통을 받는다.
5) 가족과 성도에게 무시와 멸시를 받는다.
6) 자신의 신앙도 무너지고 어떻게 살아야 할지 걱정한다.
   목회자가 된 것이 하나님의 뜻이었는가 아니면 마귀의 장난이었는가를 생각하게 된다.

6. 목회자가 잘해야 하는 것

· 설교를 잘해야 한다.
· 기도를 많이 하여 응답받은 것이 많아야 한다.
· 찬송 인도를 은혜롭게 잘해야 한다.
· 교회의 행정을 잘해야 한다.
· 조직의 관리를 잘해야 한다.
· 대인관계를 잘해야 한다.
· 인격도 성도보다 좋아야 한다.
· 지식과 정보가 정확해야 한다.
· 하나님의 말씀을 더 잘 지켜서 본이 되어야 한다.
· 믿음이 더 좋아야 한다.
· 공정하고 공평해야 한다.
· 정직하고 성실해야 한다.
· 부지런해야 한다.
· 성경 해석이 정확해야 한다.
· 성경도 성도보다 많이 알고 있어야 한다.
· 가족과 가정생활이 본이 되어야 한다.
· 돈 관리가 깨끗해야 하고 정확해야 한다.
· 약속을 잘 지켜야 한다.

7. 평신도보다 목회자가 더 많은 죄를 짓는다

평신도로 살았으면 구원받을 것인데 목회자가 되어 영벌 받는 사람이 많다. 하나님은 목회자에게 더 많은 도덕과 윤리를 요구하시고, 더 철저하게 계명과 법도를 지키기를 원하신다. 그러므로 많은 말씀을 순종해야 하고 지켜야 한다. 그런데 이것을 모르고 목회자가 되어 평신도보다 더 많은 죄를 짓게 된다.

평신도로 신앙생활하면 몇 가지 말씀만 순종해도 영생을 얻는데, 목회자는 높은 영성과 계명과 말씀과 도덕과 윤리를 지켜야 한다. 집사 정도의 신앙으로는 지키지 못한다. 높은 수준의 믿음과 성령 충만과 은혜와 능력이 있어야 하고, 하나님의 말씀과 뜻을 정확하게 알아야 지킨다. 그런데 서리집사 정도의 신앙으로 목회자가 되면 하나님 말씀을 지키지 못하여 죄를 짓는 것이 많아져 구원받기가 어렵다. 이런 것을 모르고 목회자가 되려는 사람들은 깨달아야 한다.

목회자가 되기 전에 목회자가 짓는 죄를 생각해 보고 '나는 저런 죄를 짓지 않겠다.'라는 확고한 결단과 믿음이 있어야 한다. 여기서는 큰 죄목만 말하겠다. 큰 죄의 목록 안에 작은 죄가 너무나 많다.

「목회자들이 짓는 죄」

1 십계명을 지키지 않는 죄

요즘 목회자들은 십계명을 지키지 않는다. 자기 뜻대로 성경을 해석한다.
(막 7:8) "너희가 하나님의 계명은 버리고 사람의 전통을 지키느니라"
(요일 2:4) "그를 아노라 하고 그의 계명을 지키지 아니하는 자는 거짓말하는 자요 진리가 그 속에 있지 아니하되"
(요일 3:24) "그의 계명을 지키는 자는 주 안에 거하고 주는 그의 안에 거하시나니 우리에게 주신 성령으로 말미암아 그가 우리 안에 거하시는 줄을 우리가 아느니라"

② 하나님 사랑을 하지 않는 죄
(요 14:21) "나의 계명을 지키는 자라야 나를 사랑하는 자니 나를 사랑하는 자는 내 아버지께 사랑을 받을 것이요 나도 그를 사랑하여 그에게 나를 나타내리라"
하나님의 계명을 마음을 다하고 뜻을 다하고 힘을 다하여 지켜야 한다. 안 하면 죄를 짓는 것이다.

③ 이웃 사랑을 하지 않는 죄
가족, 성도에게 사랑받으려고 하고, 섬기고 도와주지 않는다. 예수님의 가르침과 반대로 한다.
(롬 13:10) "사랑은 이웃에게 악을 행하지 아니하나니 그러므로 사랑은 율법의 완성이니라"
(갈 5:14) "온 율법은 네 이웃 사랑하기를 네 자신 같이 하라 하신 한 말씀에서 이루어졌나니"

④ 사명을 감당하지 않는 죄
목회자가 사명을 감당하지 않고 무임이거나 목회를 안 하고 다른 일을 하거나 목회를 게으르게 하면 큰 죄가 된다. 목회자는 다른 곳에 신경을 끊고 죽도록 기도하여 성령 충만과 능력을 받아, 성도를 위해 기도해 주고 성경을 연구하여 바르고 정확한 하나님의 말씀을 전하고, 하나님 사랑과 이웃 사랑의 본을 보여야 한다. 그런데 이런 일을 하지 않고 시간과 물질을 낭비하여 심판받는다. 그리고 자신의 사명을 사모에게 시키고 안 하였으니 심판받는다.
(마 25:26,30) "[26] 그 주인이 대답하여 이르되 악하고 게으른 종아 나는 심지 않은 데서 거두고 헤치지 않은 데서 모으는 줄로 네가 알았느냐 [30] 이 무익한 종을 바깥 어두운 데로 내쫓으라 거기서 슬피 울며 이를 갈리라 하니라"

5 돈 때문에 짓는 죄
   목회자가 교회 헌금을 하나님의 뜻대로 사용하지 않고 유용, 횡령, 착복한다. 이것은 영벌 받을 죄다. 이외에도 헌금 때문에 짓는 죄가 너무 많다.
   (요 12:4-6) "[4] 제자 중 하나로서 예수를 잡아 줄 가룟 유다가 말하되 [5] 이 향유를 어찌하여 삼백 데나리온에 팔아 가난한 자들에게 주지 아니하였느냐 하니 [6] 이렇게 말함은 가난한 자들을 생각함이 아니요 그는 도둑이라 돈궤를 맡고 거기 넣는 것을 훔쳐 감이러라"

6 높아지려고 짓는 죄
   목회에 전심전력해야 하는데 종교단체, 교회에서 하나님처럼 높아지려고 한다. 명함에 수십 개의 단체 이름을 기록하여 자랑한다.
   (마 23:12) "누구든지 자기를 높이는 자는 낮아지고 누구든지 자기를 낮추는 자는 높아지리라"
   (마 18:4) "그러므로 누구든지 이 어린 아이와 같이 자기를 낮추는 사람이 천국에서 큰 자니라"

7 성경에 무지하여 짓는 죄
   성경에 무지하여 성도를 잘못된 길로 인도하여 영벌 받게 한다.
   (마 15:14) "그냥 두라 그들은 맹인이 되어 맹인을 인도하는 자로다 만일 맹인이 맹인을 인도하면 둘이 다 구덩이에 빠지리라 하시니"

8 설교를 잘못하여 짓는 죄
   성경을 모르니 성경을 잘못 해석하여 전달한다. 자신도 하나님의 뜻과 관계없는 삶을 살고 성도도 잘못 살게 한다.
   잘못된 성령론, 구원론, 종말론, 교회론 등이 있다.

⑨ 성품 때문에 짓는 죄

목회자가 성령으로 변화되지 못한 옛 성품을 그대로 가지고 있어 악을 행한다. 많은 사람이 목회자를 보고 실망하게 한다.

(엡 4:22-27) "[22] 너희는 유혹의 욕심을 따라 썩어져 가는 구습을 따르는 옛 사람을 벗어 버리고 [23] 오직 너희의 심령이 새롭게 되어 [24] 하나님을 따라 의와 진리의 거룩함으로 지으심을 받은 새 사람을 입으라 [25] 그런즉 거짓을 버리고 각각 그 이웃과 더불어 참된 것을 말하라 이는 우리가 서로 지체가 됨이라 [26] 분을 내어도 죄를 짓지 말며 해가 지도록 분을 품지 말고 [27] 마귀에게 틈을 주지 말라"

⑩ 교회를 운영하면서 짓는 죄

교회 운영을 어떻게 해야 하는지 모르고 자기 생각대로 한 죄가 있다.

직책을 맡기는 일, 교회 조직 운영, 헌금 운영, 중진 임직, 교회 행정을 잘못하여 교회와 성도를 시험들게 한 죄들이다.

교회는 하나님의 집이다. 목회자나 성도의 것도 아니고 하나님의 것이다. 그러므로 하나님의 뜻을 이루어 드려야 하는 곳이다. 목회자의 뜻을 이루면 안 된다. 하나님의 뜻을 깨닫고 하나님의 뜻에 맞게 운영해야 한다. 잘못하면 영벌 받는다. (「교회와 예배 개혁」 책을 읽어보라.)

⑪ 가족들에게 짓는 죄

목회한다고 가족들을 돕지 않은 죄가 많다. 가족과 자녀를 불신자로 만든 죄, 이기적으로 행동한 죄 등이다.

(딤전 3:2-5) "[2] 그러므로 감독은 책망할 것이 없으며 한 아내의 남편이 되며 절제하며 신중하며 단정하며 나그네를 대접하며 가르치기를 잘하며 [3] 술을 즐기지 아니하며 구타하지 아니하며 오직 관용하며 다투지 아니하며 돈을 사랑하지 아니하며 [4] 자기 집을 잘 다스려 자녀들로 모

든 공손함으로 복종하게 하는 자라야 할지며 [5] (사람이 자기 집을 다스릴 줄 알지 못하면 어찌 하나님의 교회를 돌보리요)"

⑫ 하나님을 이용하여 자기 욕심을 채우려고 짓는 죄
하나님의 이름으로 예배드린다고 하면서 자신이 영광을 받고, 선교헌금을 받아 일부를 자기가 갖고, 교회에 헌금 및 건축헌금을 하게 하고는 교회를 팔아 자기가 갖거나 노후 자금으로 만들고, 하나님을 팔아 자기 배를 채우고 자신이 대접받는 죄다.
(롬 16:18) "이같은 자들은 우리 주 그리스도를 섬기지 아니하고 다만 자기들의 배만 섬기나니 교활한 말과 아첨하는 말로 순진한 자들의 마음을 미혹하느니라"
(마 10:8) "병든 자를 고치며 죽은 자를 살리며 나병환자를 깨끗하게 하며 귀신을 쫓아내되 너희가 거저 받았으니 거저 주라"
(사 56:11) "이 개들은 탐욕이 심하여 족한 줄을 알지 못하는 자들이요 그들은 몰지각한 목자들이라 다 제 길로 돌아가며 사람마다 자기 이익만 추구하며"

⑬ 영 분별을 못 하여 짓는 죄
(요일 4:1) "사랑하는 자들아 영을 다 믿지 말고 오직 영들이 하나님께 속하였나 분별하라 많은 거짓 선지자가 세상에 나왔음이라"
· 자신이 악령들렸는데 성령이라고 하며 악을 행한 죄
· 진짜 성령 받은 사람을 마귀, 이단, 악령들렸다고 한 죄
· 자신은 기도하지 않고 응답도 받지 못하면서 직통계시라고 하면서 남을 정죄한 죄
· 분별을 못 하여 악령 받은 사람을 성령 받았다고 한 죄
· 지식만 가지고 사역하면서 성령의 역사를 제한한 죄

- 성경의 참뜻도 모르면서 아는 척한 죄
- 성령의 역사를 모른 죄

(갈 5:22-23) "[22] 오직 성령의 열매는 사랑과 희락과 화평과 오래 참음과 자비와 양선과 충성과 [23] 온유와 절제니 이같은 것을 금지할 법이 없느니라"

⑭ 노회, 지방회, 총회, 종교단체에서 짓는 죄
낮아지고 겸손하게 섬기고 하나님의 뜻만을 이루어야 하는데 바리새파와 서기관처럼 높은 자리와 자신의 이익만을 위해 거짓말을 하면서 악을 행한 죄가 있다.

(마 23:5-8) "[5] 그들의 모든 행위를 사람에게 보이고자 하나니 곧 그 경문 띠를 넓게 하며 옷술을 길게 하고 [6] 잔치의 윗자리와 회당의 높은 자리와 [7] 시장에서 문안 받는 것과 사람에게 랍비라 칭함을 받는 것을 좋아하느니라 [8] 그러나 너희는 랍비라 칭함을 받지 말라 너희 선생은 하나요 너희는 다 형제니라"

위에 열거하지 못한 몇십 가지 죄들이 있다. 이런 죄들을 지으면 자기도 모르는 사이에 거짓 종이 된다. 즉, 마귀의 종노릇을 하고 영벌 받는다. 그러니 목회자는 항상 자기를 살피며 살아야 한다.

(마 7:15) "거짓 선지자들을 삼가라 양의 옷을 입고 너희에게 나아오나 속에는 노략질하는 이리라"

(마 24:24) "거짓 그리스도들과 거짓 선지자들이 일어나 큰 표적과 기사를 보여 할 수만 있으면 택하신 자들도 미혹하리라"

CHAPTER

05

목회자가 된 동기

▼ 1. 목회자가 되려던 동기

▼ 2. 목회자가 되려던 사람들에게 전한다

1. 목회자가 되려던 동기

1) 자신이 서원하여서

2) 부모님이 서원하여서

3) 주변에서 가라고 하여서

4) 예언을 받으니 주의 종이 될 사람이라고 하여서

　예언을 통해 성령 하나님이 말씀하셔서 목회자가 되라고 하는 사람이 있다. 그 사람은 힘들어도 목회자의 길을 가야 한다. 그가 힘써 기도하고 하나님 마음에 들게 하면 이스라엘 백성을 인도하시듯 영생의 길로 복된 길로 인도하신다. 목회하면서 '하나님이 나를 인도하시는구나.'라는 것을 느낀다. 성령 하나님이 직접 만나주시거나 응답도 자주 주신다. 그래서 하나님과 동행하는 목회를 한다. 이런 사람은 자기 뜻을 이루지 않고 하나님의 뜻을 이루고, 예수님이 말씀하시는 좋은 열매를 많이 맺는다.

　반대로 마귀가 주는 예언이 있다. 기도원이나 개인 재단이나 교회 안에서 예언하는 사람 중에 '기도하니 당신은 주의 종이 되어야 한다.'고 하면서 상대에게 목회자가 되라고 말한다. 아니면 본인이 기도하다가 꿈이나 환상이나 음성으로 목회자가 되라는 명령을 받았다고도 한다. 그래서 신학을 공부하고 목회자가 된다.

　예1) 목회가 안 된다. 20명을 넘지 못한다.
　예2) 몇십 명 되었다가 대부분 시험들어 나가고 몇 명만 남아서 다시 시작한다. 이것을 반복한다.
　예3) 수백 명이 되었다. 하나님의 뜻을 이룬다고 하면서 자기 욕심을 내어 챙긴다. 성도에게 존경받지 못한다.
　예4) 초대형 교회가 되었다. 그런데 하나님이 받으실 영광을 모두 자기가 받고 부를 축적한다. 성경을 자기 마음대로 해석하고 열매가 나쁘다.

예5) 성령의 능력이라고 하며 여러 가지 표적을 보여 사람을 모이게 한다. 방언, 방언 통변, 천국과 지옥 체험, 환상, 병 고침, 귀신 추방, 넘어짐, 성령춤 등 이적을 행한다. 그런데 열매가 나쁘다.

(마 7:15-23) "[15] 거짓 선지자들을 삼가라 양의 옷을 입고 너희에게 나아오나 속에는 노략질하는 이리라 [16] 그들의 열매로 그들을 알지니 가시나무에서 포도를, 또는 엉겅퀴에서 무화과를 따겠느냐 [17] 이와 같이 좋은 나무마다 아름다운 열매를 맺고 못된 나무가 나쁜 열매를 맺나니 [18] 좋은 나무가 나쁜 열매를 맺을 수 없고 못된 나무가 아름다운 열매를 맺을 수 없느니라 [19] 아름다운 열매를 맺지 아니하는 나무마다 찍혀 불에 던져지느니라 [20] 이러므로 그들의 열매로 그들을 알리라 [21] 나더러 주여 주여 하는 자마다 다 천국에 들어갈 것이 아니요 다만 하늘에 계신 내 아버지의 뜻대로 행하는 자라야 들어가리라 [22] 그 날에 많은 사람이 나더러 이르되 주여 주여 우리가 주의 이름으로 선지자 노릇 하며 주의 이름으로 귀신을 쫓아 내며 주의 이름으로 많은 권능을 행하지 아니하였나이까 하리니 [23] 그 때에 내가 그들에게 밝히 말하되 내가 너희를 도무지 알지 못하니 불법을 행하는 자들아 내게서 떠나가라 하리라"

예6) 대형 교회가 되었다. 자기 자랑, 지식 자랑하면서 높은 자리에 앉아 세상에서 영광을 받고, 바리새인처럼 판단하고 죄를 짓고 산다. 열매가 나쁘다.

(마 23:5-7) "[5] 그들의 모든 행위를 사람에게 보이고자 하나니 곧 그 경문 띠를 넓게 하며 옷술을 길게 하고 [6] 잔치의 윗자리와 회당의 높은 자리와 [7] 시장에서 문안 받는 것과 사람에게 랍비라 칭함을 받는 것을 좋아하느니라"

예7) 마귀 예언을 받고 이단이 된다. 마귀도 성령 하나님으로 가장하여 사람을 속이고, 성경을 자기중심으로 해석하게 하고, 큰 교회나 작은 교회가 되게 한다. 그들도 모두 마귀에게 속아 열매가 나쁘고 망하는 것이다.

(고후 11:13-15) "[13] 그런 사람들은 거짓 사도요 속이는 일꾼이니 자기를 그리스도의 사도로 가장하는 자들이니라 [14] 이것은 이상한 일이 아니니라 사탄도 자기를 광명의 천사로 가장하나니 [15] 그러므로 사탄의 일꾼들도 자기를 의의 일꾼으로 가장하는 것이 또한 대단한 일이 아니니라 그들의 마지막은 그 행위대로 되리라"

예언을 받았든지 직접 들었든지 모두 점검해야 한다. 이것이 성령 하나님이 주신 것인지 마귀가 준 것인지 반드시 점검해야 한다. 많은 사람이 마귀의 속임수에 넘어가 목회하다가 인생을 망치고 구원도 받지 못한다.

내가 만난 목회자 중에 많은 사람이 마귀에게 속해 살고 있는데 본인은 모른다. 사기당한 사람은 사건이 드러나야 아는 것처럼 죽어서 심판받을 때 알게 될 것이다. 그러므로 목회자가 되는 것은 조심하고 또 조심해야 한다. 예언을 받았다고 아무나 목회하면 안 된다.

나에게 상담한 여러 사람이 예언을 받았다고 말했다. 그래서 내가 절대로 안 된다고 못 하게 하였다. 내가 볼 때 인성과 영성이 50%도 안 되는데 어떻게 목회를 하겠는가? 또 어떤 사람은 인성과 영성이 30%도 안 되는데, 어디 가서 예언을 받고 와서는 하나님이 목회자가 되라고 했다는 것이다. 참으로 무책임한 예언이다. 이런 사람들이 목회자가 되어 앞에 설명한 예의 사람들과 같이 되는 것이다.

5) 사업에 실패하여서

6) 되는 일이 없어서

7) 일반 대학에 못 가니 신학이라도 하라고 하여서

8) 기도하다가 응답받아서

9) 하나님이 부르셔서

　어떤 동기로든지 목회자의 길을 가려고 결심했으면 하나님께서 원하시는 바른길을 가면 된다. 앞에서 말한 것처럼 예수님이 가르쳐 주신 목회자상이 되면 된다. 그러면 열매가 아름답다. 성령의 열매, 선한 열매, 의의 열매가 나타난다. 성도들과 가족이 먼저 알아보고 칭찬하고 사랑하고 존경한다.
　그런데 신학교에서 가르쳐 준 높아지는 목회자상을 따르고 가면 열매가 나쁘고, 악한 것이 되고 불법을 행하는 것이 되고, 예수님의 제자가 되지 못하고 거짓 종이 되고 마귀의 종이 된다. 그러니 악령 받은 것이다.

　말세가 되어서 바른길을 가지 못하고 잘못된 길을 가는 목회자가 많다. 정신을 차려야 한다. 잘못된 동기나 잘못된 목회자의 길을 가는 사람은 망한다.
　잘못된 동기로 출발했어도 후에 성경을 깨닫고 말씀대로 순종하면서, 잘못을 회개하고 고치며 하나님의 뜻을 이루어 드리면 구원받고 상도 받는다.

2. 목회자가 되려던 사람들에게 전한다

1) 신학생들에게

본인이 목회자의 자질이 있다고 생각하면 더 열심히 하라.

목회자의 자질이 없다고 생각하면 기도를 해서 단점을 장점으로 바꿔라.

이것이 안 되면 신학을 그만두고 일반 성도의 길을 가라.

신학하고 목회를 안 하면 교회에서 마귀노릇 하게 된다. 신학교에서 배운 지식으로 목회자의 설교와 행동을 비판하게 된다. 그것이 잘못인 줄 모르고 하는 사람도 있고, 알면서도 배운 것을 표준으로 삼아 비판하는 사람도 있다. 오히려 신학공부를 안 한 것만 못하게 된다. 목회를 안 할 사람은 신학을 하지 말아야 한다고 생각한다. 그것이 죄를 덜 짓고 사는 것이다. 설마가 사람 잡는다고, 잘못된 신학교육을 받아 그것으로 목회 전부를 판단하게 되면 그 사람은 은혜를 받지 못한다. 결국은 본인이 시험들어 불만, 불평하게 되고 교회 일을 열심히 안 하게 된다. 아니면 계속 쇼핑하듯 교회를 돌아다니게 된다. 계속 자기 눈의 들보는 못 보게 되어 신앙생활을 망친다.

(눅 6:41-42) "[41] 어찌하여 형제의 눈 속에 있는 티는 보고 네 눈 속에 있는 들보는 깨닫지 못하느냐 [42] 너는 네 눈 속에 있는 들보를 보지 못하면서 어찌하여 형제에게 말하기를 형제여 나로 네 눈 속에 있는 티를 빼게 하라 할 수 있느냐 외식하는 자여 먼저 네 눈 속에서 들보를 빼라 그 후에야 네가 밝히 보고 형제의 눈 속에 있는 티를 빼리라"

무임 목사나 전도사들과 신학을 공부한 사람들이 교회에 적응하지 못한다. 불쌍한 사람이 되었다. 하나님 보시기에 불법이거나 악하게 보이면 영벌 받는 곳으로 간다. 결국 마귀에게 속은 것이다.

(마 7:23) "그 때에 내가 그들에게 밝히 말하되 내가 너희를 도무지 알지 못하니 불법을 행하는 자들아 내게서 떠나가라 하리라"

(마 13:41) "인자가 그 천사들을 보내리니 그들이 그 나라에서 모든 넘어

지게 하는 것과 또 불법을 행하는 자들을 거두어 내어"
(마 23:28) "이와 같이 너희도 겉으로는 사람에게 옳게 보이되 안으로는 외식과 불법이 가득하도다"
(요일 3:4) "죄를 짓는 자마다 불법을 행하나니 죄는 불법이라"
(마 25:26,30) "[26] 그 주인이 대답하여 이르되 악하고 게으른 종아 나는 심지 않은 데서 거두고 헤치지 않은 데서 모으는 줄로 네가 알았느냐 [30] 이 무익한 종을 바깥 어두운 데로 내쫓으라 거기서 슬피 울며 이를 갈리라 하니라"

잘못된 신학교육을 받으면 망한다. 신학교라고 모두 바른 것은 아니다. 잘못된 신학교도 많다. 마찬가지로 신학교 교수라고 너무 믿지 마라. 엉터리 교수가 많다. 기도를 안 하는 교수, 공부도 제대로 안 한 교수, 잘못된 곳에서 배운 교수, 목회하다가 실패하여 교수가 된 사람, 성령도 받지 못한 교수, 목회를 모르는 목사 교수, 성경을 창세기부터 요한계시록까지 한 장씩 연구하지 않은 교수는 성경을 모른다. 하나님도 모르고 성경도 모른다. 그런데 비평과 말은 잘한다. 입만 살아 있다.

신학교가 유명하다고 하나님 만난 교수가 있는 것도 아니다. 그러니 목회하지 않을 거면 절대로 신학교 근처에도 가지 마라. 궁금한 것이 있으면 책을 사서 읽어라. 책도 잘못된 것이 많으니 조심하여 읽기 바란다.

2) 목회자들에게

목회를 하고 싶다면 하나님부터 만나라. 하나님의 증인이 되려면 살아계신 하나님을 만나고 나서 해야 한다. 목회자가 하나님을 만나지 못하면 책 속의 하나님을 전하게 되고 다른 사람이 만난 하나님이나 전하게 된다. 목회자 자신이 성령 하나님을 만나고 확실하게 증거해야 한다. 이것이 안 되면 목회하지 마라. 본인도 죽고 남도 죽인다.

예)

한국에 유명한 목사님이 계셨다. 그분은 신학교를 졸업하고 시골교회의 후임으로 부임하여 몇 년간 목회하였으나 실패했다. 그래서 도시에서 개척했는데 또 실패하였다. 이렇게 하다 보니 10년이 지났다. 목사님은 갈 곳이 없어서 어느 집사의 집 마당에 가구를 비닐로 덮어 보관한 후에 사모와 자녀들을 처갓집으로 보내고, 자신은 하나님을 만나기 전에는 내려오지 않을 각오로 기도원에 들어갔다. 6개월을 산속 바위 위에서 목숨 걸고 기도했다. 갈 곳도 없고 희망도 없고 살길도 막막했다. 그렇게 기도하던 중에 성령 하나님의 임재를 경험하였는데, 어렸을 때 지은 죄부터 현재까지 잘못한 죄가 생각나서 통곡하며 몇 시간을 회개하였고, 자신이 죄인 중에 괴수라는 것을 깨닫고 회개하였다. 마음이 시원해지고 평안했으며 세상이 다르게 보였다. 성경말씀이 모두 믿어지고 예수님의 십자가에서의 고난과 죽음이 자신을 위해서였다는 것이 믿어졌다. 그리고 하나님의 음성을 듣고 내려와 가구를 보관한 집사의 집 마루에서 주일 예배를 드리기 시작했는데, 성도들이 설교가 살아 있다며 은혜받았다고 하였다. 그때부터 성령 하나님이 함께하셔서 병자도 기도하면 치료해 주셨고, 교회가 부흥하기 시작하여 초대형 교회로 목회하다가 소천하였다.

이분이 세미나 강의 중에 한 말이다.

"신학교 교수의 말 듣고 10년 목회하다가 실패했다. 그 후에 성령 하나님을 만나고 목회하니 교회가 성장했다. 모든 목회자는 성령 하나님을 만나고 목회하라."

(행 1:8) "오직 성령이 너희에게 임하시면 너희가 권능을 받고 예루살렘과 온 유대와 사마리아와 땅 끝까지 이르러 내 증인이 되리라 하시니라"

모든 목회자는 하나님이 나를 사용하시려는 것이 맞는지부터 응답받아라. 하나님께서 사용할 계획이 없으신데 자기 힘으로 목회하려는 것은 무모한 생각이다. 잘못하면 고생만 하고 영벌 받는다.

목회자는 살아 계신 하나님의 증인이다. 증인이 하나님을 만난 경험도 없으면서 어떻게 증인을 하겠는가? 그러므로 죽기 살기로 기도하여 성령 하나님을 만나야 한다.

평신도도 기도 많이 하여 하나님을 만난다. 그런데 목사가 하나님을 만난 경험이 없으면 되겠는가? 만약 하나님을 만나지 못하면 목회하지 마라. 하나님이 안 쓰겠다는데 왜 굳이 목회하려고 하는가?

목회자는 영을 살리고 행복하게 만들어야 한다. 그렇게 되려면 내가 먼저 하나님을 만나 영이 살고 행복해야 한다. 내가 경험이 없는데 무엇을 전달할 수 있는가? 본인의 영이 죽어 있고 힘이 없어 고난과 고통을 해결하지 못하는 상태로는 아무도 살릴 수 없다. 만약 다른 사람의 영을 죽이면 더 큰 죄가 되어 하나님께 심판받는다.

(마 18:6) "누구든지 나를 믿는 이 작은 자 중 하나를 실족하게 하면 차라리 연자 맷돌이 그 목에 달려서 깊은 바다에 빠뜨려지는 것이 나으니라"
소경이 소경을 인도하면 둘 다 구덩이에 빠진다. 즉, 지옥 간다는 것이다.

(마 15:14) "그냥 두라 그들은 맹인이 되어 맹인을 인도하는 자로다 만일 맹인이 맹인을 인도하면 둘이 다 구덩이에 빠지리라 하시니"

3) 여자 전도사들에게

1 자신을 점검하라.

내가 성령을 받았는지?
내가 악령을 받았는지?

위의 목회자 점검을 읽고 자신을 점검해 보라. 교회생활이나 능력으로 하지 말고 내 삶의 열매가 칭찬받는지, 선한지, 의로운지, 성령의 아홉 가지 열매가 맺히는지를 점검해 보라.

그리고 성경에 없는 직책을 탐하고 있는지도 점검해 보라. 세상 풍습이나 전통은 아무런 소용이 없다. 하나님 말씀이 표준이고 기준이다. 하나님 말씀에 없는 직책을 욕심내지 마라. 성령을 받은 사람은 죄인 중에 괴수인 자신을 버리지 않으시고 현재 사용해 주시는 것만으로도 감사하며 일한다. 그러나 악령을 받은 사람은 자꾸 높은 것을 바라보고 세상 사람처럼 성공을 위해 일한다. 자기 합리화를 위해 성경도 자기에게 맞도록 해석한다. 성경을 인간의 관점에 맞도록 해석하면 인본주의가 되고 하나님 관점에서 해석하면 신본주의가 된다. 인본주의가 되면 성경을 모두 자기 관점에서 해석하므로 하나님의 뜻과는 멀어진다. 결과는 하나님의 심판을 받게 되는 것이다. 하나님 보좌에서 우리를 심판하는 책이 성경이라는 것을 명심하라.

② 참된 하나님 종의 길을 가라.

참된 하나님 종의 길은 예수님이 가르쳐 주신 목회자상이다. 앞에서 충분히 설명하였다. 다시 읽어 보길 바란다. 예수님은 3년 동안 제자들에게 자기부인하는 것, 사명 지고 가는 것, 예수님 말씀대로 행하는 것, 낮아지는 것, 섬기는 것, 주는 것, 사랑하는 것, 기도하는 것, 귀신을 쫓아내는 것, 병자를 치료하는 것, 거저 받았으니 거저 주는 것을 훈련하셨고, 제자들에게 높은 직책을 주지 않으셨다. 모두 평범하게 대하셨다. 이렇게 행하는 것이 참된 종의 길을 가는 것이다.

③ 가능하면 목사가 되지 말라.

목사가 되면 책임이 더 중하게 된다. 목사의 사명을 하나님 마음에 들지 않게 하면 저주받아 영벌 받는다.

(약 3:1) "내 형제들아 너희는 선생 된 우리가 더 큰 심판을 받을 줄 알고 선생이 많이 되지 말라"

평신도는 사명에 대한 책임이 작은데 목사는 매우 크다. 이 책을 읽으면 전부 알게 된다. 그래서 목사직을 받지 않고 평신도로 충성하는 것이 더 좋은 것이다.

목사가 대단해 보이는 것은 잘못된 인식이다. 목회를 하든지 안 하든지 '목사'라는 칭호를 받으면 대단한 사람이 된 것 같고 높아진 것 같고 가족에게도 무언가 내세울 것이 있다고 생각한다.

전도사로 있으니 작아 보이고 목사는 뭔가 크고 당당하게 보이는 것 같다. 또 여자 전도사로 있으면서 목사들에게 무시당하니, 자기도 목사가 되어 당당하게 목회하고 싶어지기도 한다. 요즘은 남녀가 평등한 시대다. 그러니 여자도 목사가 될 수 있고 여자도 남자보다 목회를 잘할 수 있다고 생각한다.

그런데 목사가 되어 '목사'라고는 불리는데 정작 목회를 못하거나, 성도들에게 비난받거나, 인성과 영성이 부족하여 실수를 많이 하고 엉터리없는 짓을 하거나, 성경에 없는 짓을 하거나, 영 분별을 하지 못하여 성령과 악령의 역사를 구분하지 못하고 악령이 시키는 일을 했다면 어떻게 될 것인가를 생각해 보라.

나는 여자 목사들이 평신도로 일했으면 구원받고 교회에서 충성하여 상과 복을 많이 받을 사람들인데, 목사로서는 부족함이 많아 엉터리로 일하는 것을 보고 있다. 계속 많은 실수를 하고 죄도 많이 짓고 악령이 들어 있는 사람들을 보고 안타까워했다.

평신도로 충성하면 구원받고 상 받을 신앙인데 목사가 되면 책임이 달라진다.

목사가 되어 사명 감당을 안 하면, 잘못하면 영벌 받는 곳으로 간다.

목사가 되어 무임으로 있는 사람은 악하고 게으른 종이라는 심판을 받을 수 있다.

목사가 되어 하나님의 법을 어기거나 악을 행하면 불법을 행한 자가 되고 거짓 선지자가 된다.

목사에게는 평신도의 신앙을 뛰어넘어 높은 신앙을 요구한다. 그런데 그 신앙을 보이지 못하면 심판받는다.

예1)
　타 교회에서 온 여집사인데 나이가 68세였다. 하루는 내게 찾아와 자신이 목사 안수를 받는다며 임직식에 참석해 주었으면 하는 것이다. 나는 정중하게 거절했다. 그 집사는 교회생활을 주일 대예배에만 참석했고 다른 일은 하지 않았다. 새벽기도도 하지 않았다. 성품도 모나고 인격도 많이 부족했다. 주변 상황 파악도 못하고 가정에서도 문제가 많았다. 그런데 68세에 목사 안수를 받는다니 놀랄 수밖에 없었다.

예2)
　타 교회에서 온 집사였다. 50대 중반인데 작은 빌딩 두 채를 소유하고 있고 그곳에서 나오는 월세를 받아 생활한다고 하였다. 교회생활은 주일 대예배만 드리고 교인들과 친교도 하지 않았다. 자만하고 교만하여 다른 사람을 우습게 여기고 목사들도 우습게 여기고 말하는 사람이었다. 그런데 목사 안수를 받는다며 찾아왔다. 그래서 '재산도 많은데 목사 안수를 받아서 무엇을 하려고 하느냐?'고 물었더니 신학교 교수를 하겠다는 것이다. 나는 할 말을 잃었다.

예3)
　여전도사가 한 분 있었다. 1년 일하는 것을 보고 사임시켰다. 그리고 목회자로서는 인성과 영성이 많이 부족하니 앞으로는 목회하지 말고 집사로서 일하라고 권면했다. 그러나 이 전도사는 우리 교회를 떠나서 작은 신학교를 다녔고 목사가 되었다. 그리고 목사가 된 지 얼마 되지 않아 건물 2층에 신학교를 개설하여 교인과 주변 사람들에게 신학공부를 시키고, 또 그들에게 목사 안수를 하고 자기가 만년 총회장이 되었다. 저녁마다 성령집회 및 치유집회를 했는데 여러 가지 이적도 나타났다. 그리고 여기저기에 지교회를 만들고 외국 선교도 한다고 자랑하였다. 그런데 뒤에서 들리는 얘기가 많이 안 좋았다. 즉, 열매가 나빴다. 인격이 안 좋았고 교회 운영과 신학교 운영도 엉터리였다. 자기 가족끼리 운영하는 회사를 만들었는데 피해를 당한 사람들이 많았다.

예4)
어느 기도원에서 있었던 일이다. 외국 목사가 성령집회를 인도했고 거기에 참석하여 은혜를 받고 있었는데, 어떤 큰 교회의 여목사와 성도들이 많이 들어왔다. 낮 집회가 끝나고 기도 받을 사람은 앞으로 나오라고 했는데 그 여목사와 성도들이 나갔다. 그런데 그들이 서서 기도하는 모습을 보니 전부 귀신들린 행동과 마귀 방언을 하는 것이다. 그 여목사도 똑같았다. 안타깝게도 그들은 그것을 성령의 역사로 알고 있었다. 집회를 인도하는 외국 목사도 그것을 분별하지 못하는 것 같았다.

예5)
대형 기도원에 기도하러 갔다. 많은 사람이 모여 오전 집회를 하는데, 강단 위에서 찬양을 인도하는 사람과 찬양단의 머리가 뱀이고 몸은 사람이었다. 강사는 유명한 여목사였는데 그도 뱀의 머리에 몸은 사람이었다. 깜짝 놀라 하나님께 여쭈었다. '하나님, 이게 어찌 된 일입니까?' 하였더니 '그들은 사탄의 집단이다.'라고 하셨다. 그리고 불법을 행하는 집단이라고 하시며, '멸망한 바벨론'이라고 하셨다.

그 후 몇 년이 지났는데 그 강사 여목사가 돌아가셨다는 소식이 들려왔다. 그 교단 목사에게 물어보니 목욕탕에서 뇌진탕으로 돌아가셨다고 하였다. 후에 기도하면서 '그 여자 목사는 어디로 갔습니까?' 하였더니 지옥에 있는 모습을 보여 주셨다.

이 외에도 이런 예는 무수히 많다.

내가 이 글을 쓰면 여목사들에게 많은 공격을 받을 것을 안다. 그들도 나름대로 하나님과 교통하고 응답도 받는다. 그들도 자신들이 하나님의 응답을 받아서 목사가 되었다고 할 것이다. 모두가 그렇게 믿기에 목사가 된다. 그러나 한 번만 더 깊이 생각해 보자. 하나님의 일을 목사가 되지 않으면 못 하는지…….

현신애 권사는 평신도인데도 한국에서 가장 유명한 여자 사역자가 되었다.

테레사 수녀도 사제가 아닌데 선한 열매로 세계적인 사역자가 되었다.

평신도가 목사보다 더 좋은 신앙을 가진 사람이 많다. 그들은 하늘에서 상을 받고 땅에서도 복을 받을 것이다. 목사가 평신도보다 인성과 영성이 부족하다면, 그리고 하나님이 하지 말라는 악을 행한다면 어떤 심판을 받을 것인지를 생각해 보아야 한다.

하나님 말씀을 어기면 불법을 행한 자가 된다. 그리고 말씀을 어기면 마귀가 들어가 하나님처럼 주장한다. 그러므로 광명한 천사를 조심해야 한다. 마귀에게 속지 않으려면 하나님 말씀대로 살아야 한다.

목사나 장로라는 직책은 구원의 조건이 아니다. 하나님께 인정받는 믿음은 하나님 말씀에 순종하는 것이다. 구원론을 읽어 보기 바란다.

4) 여목사는 남편을 존중해야 한다.

어떤 여목사는 남편이 장로다. 여목사는 남편에게 '나는 하나님의 종이고 당신은 평신도니 나를 대할 때 하나님의 종으로 대하라'고 하였다. 그 여목사가 가정과 교회에서 남편을 무시하고 함부로 명령하고 대하는 모습을 보았다. 남편 장로는 종처럼 쩔쩔매는 모습이었다. 어느 날, 그 남편 장로가 나에게 말했다. 부인이 목사면 남자의 생은 불행하다고 말이다.

나는 이 문제를 기도 시간에 하나님께 여쭈었다. 그랬더니 이런 말씀을 주셨다.

"나는 아내가 남편을 다스리라고 한 적이 없다."

여자 목사는 가정에서 성경대로 생활해야 한다. 남편을 존중하고 그의 말을 듣고 순종해야 한다.

(벧전 3:1) "아내들아 이와 같이 자기 남편에게 순종하라 이는 혹 말씀을 순종하지 않는 자라도 말로 말미암지 않고 그 아내의 행실로 말미암아 구원을 받게 하려 함이니"

(엡 5:33) "그러나 너희도 각각 자기의 아내 사랑하기를 자신 같이 하고 아내도 자기 남편을 존경하라"

(엡 5:22-24) "[22] 아내들이여 자기 남편에게 복종하기를 주께 하듯 하라 [23] 이는 남편이 아내의 머리 됨이 그리스도께서 교회의 머리 됨과 같음이니 그가 바로 몸의 구주시니라 [24] 그러므로 교회가 그리스도에게 하듯 아내들도 범사에 자기 남편에게 복종할지니라"

가정을 하나님 말씀대로 이루어야 한다. 여자 목사들도 하나님의 일을 한다는 핑계로 가족을 돌보는 일을 안 하면 죄가 된다. 가족이 서로 돕는 본을 보이고 하나님을 경외하고 이웃을 사랑하는 본을 보여야 하나님께 인정받는다. 못하면 책망받는다.

5 세상 방식을 따르지 말라.

세상은 남자와 여자가 동일하게 대우받는다. 어떤 것은 여성이 더 우월하다. 그래서 여성이 장관도 하고 수상도 하고 대통령도 하고 왕도 한다. 하지만 교회는 하나님의 법을 따르는 곳이다. 하나님은 천지를 말씀으로 창조하신 후 사람이 살기 좋은 환경을 만드시고 그곳에서 사람이 살게 하셨다. 그리고 하나님의 말씀을 지키게 하셨다. 순종하여 지키면 복이 되고 불순종하면 저주를 받게 된다. 이것은 아담과 하와 때부터 지금까지 동일하다.

어떤 이들이 구원론을 잘못 말하여 구원받은 사람은 죄악을 범해도 구원받는 줄 알고 있다. 예수 그리스도만 믿으면 구원받는다고 믿고 있다. 절대로 아니다. 예수님의 십자가의 은혜를 믿고 예수님의 가르침에 순종해야 한다. 그것이 믿음이다. 그 행함으로 믿음을 보인 사람이 구원받고 상급도 받는다.

구원받았다고 하면서 악을 행하는 사람은 스스로 속는 것이다.

6 낮아져서 하나님 말씀에 순종하라. 그래야 내가 산다.

예수님은 지식과 능력과 전통보다 하나님의 말씀을 생활로 나타내는 열매를 요구하신다. 이것이 행함이 있는 믿음이다.

좋은 열매를 많이 맺으려면 자신을 최대한 낮추어야 하고, 하나님을 사랑하고 섬기고, 이웃을 사랑하고 섬기고 도와야 한다. 고넬료 백부장처럼 이것을 행하면서 기도해야 성령 하나님이 응답하신다.

마음도 낮추고 직책도 낮추고 행동도 낮추어서 하라. 그래야 예수님의 제자가 된다.

7 마음에 드는 교회가 없어도 섬기는 교회에서 말씀대로 순종하라.

자기의 지식과 신앙에 맞는 교회는 없다. 자기가 목회자가 되어 교회를 운영해도 자기 마음에 100% 들지 않는다. 가정을 보라. 결혼하여 자신이 직접 가정을 이루었는데 100% 마음에 들지는 않는다. 이것이 세상이다. 이런 것을 깨달았으면 큰 문제가 없는 한 섬기는 교회에서 충성하라. 다른 사람은 불만, 불평을 말해도 하나님 말씀대로 본을 보이라. 그러면 다른 사람도 배우고 따라올 것이다. 목회자가 마음에 들지 않아도 본을 보이라. 하나님이 인정하시고 성도가 인정할 것이다.

자신이 원하는 직책이나 자리를 주지 않아도 불평하지 말고 말씀대로 열심히 하라. 하나님은 그런 사람을 원하신다.

교회가 자신을 버릴지라도 시험들지 말라. 변함없이 하나님 앞에서 성실하라. 그러면 하나님이 기억하시고 사도 바울처럼 상과 복을 주시는 것이다.

⑧ 목회가 무엇인지 모르면서 개척을 한다. 그러니 실패한다.

여자 입장에서 남자들이 목회하는 것이 형편없게 보일 수도 있다. 그래서 '내가 하면 더 잘할 수 있다.'고 생각한다. 하지만 해 보면 정말로 안 된다는 것을 깨닫는다. 목회는 모든 것을 다른 사람보다 잘해야 한다.

예배, 기도생활, 충성, 헌신, 헌금, 찬송, 설교, 행정, 조직과 관리, 인사 정책, 지도력, 통솔력, 영성, 정확한 판단력, 결정력, 대인관계, 인격, 정직, 성실, 일 처리 능력, 정확한 정보, 다양한 철학, 세상 지식, 전문적인 의료 지식, 인생 문제 해결책, 많은 영적 경험, 성령의 은사, 성령의 열매, 가정 식구의 열매, 높은 도덕성과 윤리, 언행일치, 약속 이행, 깊은 성경 지식, 섬기고 돕는 마음과 실천, 겸손, 낮아짐, 지속적인 학습과 배우려는 마음, 하나님 앞에서 바르게 하려는 신앙 등 모든 면을 생각하고 잘해야 한다.

그런데 여자든 남자든 아무것도 모르고 목사가 된다. 그래서 실패하고 고생만 한다. 그리고 그 후가 더 문제다. 하나님께서 인정하시는 믿음인가 아닌가를 판결하시기 때문이다.

주변의 여자 목회자들을 보면서 안타까움이 생긴다. 남자보다 잘하는 분도 있지만 못하는 분이 더 많고, 왜 굳이 목사가 되려고 했는지 의문이 가는 사람이 많다. 목회를 하려거든 정확하게 배워서 하나님 말씀대로 하기를 바란다.

⑨ 나쁜 방법으로 목회를 한다는 것은 자신에게 악령이 들렸다는 증거다.

예수님이 가르쳐 주신 방법이 아니라 세상 사람들처럼 목회를 하는 것은 악령이 들렸다는 것이다. 그래서 부작용이 많이 나타나 사람들이 상처받고 시험들어 교회를 떠난다. 세상적인 방법이나 악령이 지시하는 방법으로 목회하면 영벌 받고 그 가정도 망한다.

4) 성도와 청년들에게

목회자가 되고 싶으면 충분히 기도생활을 하여 성령의 여러 가지 역사를 경험하라. 그러면서 교회의 많은 일을 목숨 걸고 열심히 하라. 그래야 교회가 어떻게 운영되는지를 배운다. 대충하면 대충 배우게 된다. 대충 배운 것으로 성공할 수 없다. 최선을 다해보고 책임도 맡아보고 하면서 배운다. 사람은 어떤 자리에 있느냐에 따라서 배우는 것이 달라진다.

이 책을 읽고 신중하게 생각하고 신학을 전공하기 바란다.

CHAPTER
06

하나님이 사용하는 자와 사용하지 않는 자

▼ 1. 하나님이 사용하시는 사람

▼ 2. 하나님이 사용하실 뜻이 없는 사람

1. 하나님이 사용하시는 사람

- 정직한 사람
- 성실한 사람
- 기도하는 사람
- 변함이 없는 사람
- 남에게 칭찬받는 사람
- 하나님께 충성스러운 사람
- 어른의 말씀에 순종하는 사람
- 책임감이 있는 사람
- 약속을 잘 지키는 사람
- 부지런한 사람
- 거짓말을 하지 않는 사람
- 욕심이 없는 사람
- 성령을 받은 사람
- 성령세례를 받은 사람
- 성령 충만한 사람
- 성령의 9가지 은사를 받은 사람
- 성령의 능력을 받은 사람
- 성령의 열매를 맺는 사람

2. 하나님이 사용하실 뜻이 없는 사람

- 거짓말 잘하는 사람
- 욕심이 많은 사람
- 이기적인 사람
- 게으른 사람
- 악한 사람
- 이웃에게 피해를 주는 사람
- 돈을 빌리고 갚지 않는 사람
- 인성이 잘못된 사람
- 약속을 안 지키는 사람
- 마음이 수시로 변하는 사람
- 자기의 잘못을 모르는 사람
- 옳고 그름을 분별하지 못하는 사람
- 영적인 분별력이 없는 사람
- 악령이 든 사람
- 기도를 안 하는 사람
- 지식만 믿는 사람
- 지식을 자랑하는 사람
- 교만한 사람
- 성령을 받지 않은 사람
- 성령 충만하지 않은 사람
- 성령의 은사가 없는 사람
- 성령의 열매가 없는 사람
- 마귀를 이기지 못하는 사람
- 마귀가 하는 짓을 분별하지 못하는 사람

- 사람들에게 미움받는 사람
- 미련한 사람
- 어리석은 사람
- 고집이 센 사람
- 노력하지 않는 사람
- 모르면서 아는 체하는 사람
- 말이 많은 사람

하나님이 사용하시는 사람은 지식이 많은 사람이 아니다. 돈이 많은 사람도 아니고 힘이 있는 사람도 아니고 재능이 있는 사람도 아니고 달변가도 아니고 음악을 잘하는 사람도 아니다. 어느 시대나 성령 충만한 사람을 사용하셨다.

만약 자신이 성령 충만하지 않다면 목회자가 되려고 하지 말라. 자기도 고생하고 가족도 고생한다. 그리고 그 교회 성도들도 고생한다.

성령 충만하지 못한 것은 자기 잘못이다. 기도를 안 했든지 하나님께 죄악을 범하면서 살았든지 무언가가 하나님 마음에 들지 않은 것이다. 만약 목회를 하려면 하나님이 사람을 사용하시는 기준부터 실천하여 인정받아야 한다.

CHAPTER 07

목회자가 되었으면 목숨 바쳐라

▼ 1. 목숨을 다하여 하나님을 사랑하라

▼ 2. 기도하는 일에 목숨 바쳐라

▼ 3. 설교하는 일에 목숨 바쳐라

▼ 4. 계명을 지키는 것에 목숨 바쳐라

▼ 5. 성도를 사랑하는 것을 실천하라

▼ 6. 하나님 교회에 목숨 바쳐라

1. 목숨을 다하여 하나님을 사랑하라

예수님이 말씀하신 가장 크고 첫째 되는 계명을 지켜라.
(막 12:30) "네 마음을 다하고 목숨을 다하고 뜻을 다하고 힘을 다하여 주 너의 하나님을 사랑하라 하신 것이요"

하나님을 사랑하는 방법이다.
첫째, 마음을 다하여 사랑해야 한다. 즉, 자신의 첫 번째 사랑이 하나님이라는 것이다. 가족도 아니고 돈도 아니고 명예도 아니다.
둘째, 목숨을 다하여 하나님을 사랑하고 경외하고 섬겨야 한다. 하나밖에 없는 목숨을 걸고 사자굴 속에 들어가도 변하지 않는 믿음으로 하나님을 사랑해야 한다.
셋째, 뜻을 다하여 사랑해야 한다. 뜻은 행동이다. 자신의 모든 행함이 하나님을 사랑하는 쪽으로 결정되어야 한다.
넷째, 힘을 다하여 사랑해야 한다. 힘은 재능이나 능력이다. 자신의 재능과 능력을 다하여 하나님을 사랑하는 것을 나타내야 한다.
예수님이 말씀하셨다.
(요 14:15) "너희가 나를 사랑하면 나의 계명을 지키리라"
(요 14:21) "나의 계명을 지키는 자라야 나를 사랑하는 자니 나를 사랑하는 자는 내 아버지께 사랑을 받을 것이요 나도 그를 사랑하여 그에게 나를 나타내리라"
하나님을 사랑하는 것은 마음을 다하고 목숨을 다하고 뜻을 다하고 힘을 다하여 십계명을 지키는 것이다. 이것이 신구약 말씀의 핵심이다.
(신 6:1-9) "[1] 이는 곧 너희의 하나님 여호와께서 너희에게 가르치라고 명하신 명령과 규례와 법도라 너희가 건너가서 차지할 땅에서 행할 것이니 [2] 곧 너와 네 아들과 네 손자들이 평생에 네 하나님 여호와를 경외

하며 내가 너희에게 명한 그 모든 규례와 명령을 지키게 하기 위한 것이며 또 네 날을 장구하게 하기 위한 것이라 [3] 이스라엘아 듣고 삼가 그것을 행하라 그리하면 네가 복을 받고 네 조상들의 하나님 여호와께서 네게 허락하심 같이 젖과 꿀이 흐르는 땅에서 네가 크게 번성하리라 [4] 이스라엘아 들으라 우리 하나님 여호와는 오직 유일한 여호와이시니 [5] 너는 마음을 다하고 뜻을 다하고 힘을 다하여 네 하나님 여호와를 사랑하라 [6] 오늘 내가 네게 명하는 이 말씀을 너는 마음에 새기고 [7] 네 자녀에게 부지런히 가르치며 집에 앉았을 때에든지 길을 갈 때에든지 누워 있을 때에든지 일어날 때에든지 이 말씀을 강론할 것이며 [8] 너는 또 그것을 네 손목에 매어 기호를 삼으며 네 미간에 붙여 표로 삼고 [9] 또 네 집 문설주와 바깥 문에 기록할지니라"

예수님께서 하나님의 말씀과 계명을 지키지 않으면 하나님을 사랑하지 않는 것이라고 말씀하신 것이다. 이 말씀대로라면 현대교회의 목회자들은 하나님을 사랑하지 않는 사람이 많다는 것이다. 그래서 하나님이 함께하지 않는다고 말씀하신다.

(요 14:23-24) "[23] 예수께서 대답하여 이르시되 사람이 나를 사랑하면 내 말을 지키리니 내 아버지께서 그를 사랑하실 것이요 우리가 그에게 가서 거처를 그와 함께 하리라 [24] 나를 사랑하지 아니하는 자는 내 말을 지키지 아니하나니 너희가 듣는 말은 내 말이 아니요 나를 보내신 아버지의 말씀이니라"

2. 기도하는 일에 목숨 바쳐라

예수님은 기도를 안 하셔도 능력을 행하고 복음을 전하신다. 그런데 우리를 교육하기 위해 직접 기도하는 본을 보여 주셨다. 그리고 제자들에게 수시로 기도하라고 말씀하셨다. 그 이유는 기도해야 성령을 받고 은사도 받고 성령의 열매도 맺고 마귀와 귀신도 이기고 병자도 치료하기 때문이다.

그러므로 목회자는 하루 3시간 이상 기도하길 바란다. 다른 일보다 기도하는 일에 목숨을 걸어야 한다. 교회가 성장하여 안정권에 들어갈 때까지 교회의 강단에서 기도하고 자는 것을 추천한다.

3. 설교하는 일에 목숨 바쳐라

설교를 잘하기 위해 목숨 걸고 준비해야 한다. 여러 방송국과 유튜브를 들어보면 성경말씀을 성도에게 맞게 해석하여 설교를 잘하시는 분이 있다. 교회를 조금 다니다 보면 성도들은 여러 방식으로 방송 설교를 듣게 된다. 방송 설교를 들으면 은혜가 되는데 자기 교회 목사님 설교는 은혜가 안 되면 당연히 교회를 옮기려고 한다.

교회가 성장하려면 그 도시에서 설교를 제일 잘하는 목사가 되어야 한다. 몇백 개의 교회 중에서 10위권 안에 들어야 한다. 그래야 교회가 성장하지 설교를 못하면 성장하겠는가?

그러니 목숨 걸고 설교를 잘하기 위해 준비하고 연습도 하며 배우기를 바란다.

4. 계명을 지키는 것에 목숨 바쳐라

성경의 핵심인 하나님 사랑과 이웃 사랑을 목숨 걸고 행하라. 하나님은 실천하는 믿음을 보시고 상과 복을 주신다.

(눅 11:28) "예수께서 이르시되 오히려 하나님의 말씀을 듣고 지키는 자가 복이 있느니라 하시니라"

(약 1:25) "자유롭게 하는 온전한 율법을 들여다보고 있는 자는 듣고 잊어버리는 자가 아니요 실천하는 자니 이 사람은 그 행하는 일에 복을 받으리라"

(막 12:33) "또 마음을 다하고 지혜를 다하고 힘을 다하여 하나님을 사랑하는 것과 또 이웃을 자기 자신과 같이 사랑하는 것이 전체로 드리는 모든 번제물과 기타 제물보다 나으니이다"

5. 성도를 사랑하는 것을 실천하라

예수님의 가르침대로 거저 받았으니 거저 주는 마음으로 목회해야 한다. 성도에게 대접받으려 하지 말고 내가 할 도리만 하면 된다. 그러면 성도가 목회자에게 보답할 것이다. 이것도 기대하지 말고 해야 하나님이 보상해 주신다.

(막 12:31) "둘째는 이것이니 네 이웃을 네 자신과 같이 사랑하라 하신 것이라 이보다 더 큰 계명이 없느니라"

(롬 13:10) "사랑은 이웃에게 악을 행하지 아니하나니 그러므로 사랑은 율법의 완성이니라"

(갈 5:14) "온 율법은 네 이웃 사랑하기를 네 자신 같이 하라 하신 한 말씀

에서 이루어졌나니"
(요 13:34) "새 계명을 너희에게 주노니 서로 사랑하라 내가 너희를 사랑한 것 같이 너희도 서로 사랑하라"
(요 13:35) "너희가 서로 사랑하면 이로써 모든 사람이 너희가 내 제자인 줄 알리라"

6. 하나님 교회에 목숨 바쳐라

교회는 예수님이 십자가에서 목숨을 주시고 세운 곳이다. 그러므로 귀중하게 여기고 목숨 바쳐야 한다.
(엡 1:22) "또 만물을 그의 발 아래에 복종하게 하시고 그를 만물 위에 교회의 머리로 삼으셨느니라"
(엡 5:23) "이는 남편이 아내의 머리 됨이 그리스도께서 교회의 머리 됨과 같음이니 그가 바로 몸의 구주시니라"
(골 1:18) "그는 몸인 교회의 머리시라 그가 근본이시요 죽은 자들 가운데서 먼저 나신 이시니 이는 친히 만물의 으뜸이 되려 하심이요"
(골 1:24) "나는 이제 너희를 위하여 받는 괴로움을 기뻐하고 그리스도의 남은 고난을 그의 몸된 교회를 위하여 내 육체에 채우노라"

목회자는 하늘나라의 공무원이다. 예수님은 공무원을 채용한 만왕의 왕이시다. 우리가 사는 세상에서의 공무원도 오전 9시에 출근하여 오후 6시에 퇴근한다. 그렇다면 하늘나라의 공무원인 우리도 오전 9시에 출근하여 교회 일을 하든지 설교 준비를 하든지 교회 청소를 하든지 전도를 하든지 기도를 하든지 심방을 하든지, 일을 하고 오후 6시에 퇴근해야 하지 않겠는가? 안 그러면 게으르고 악한 공무원이라고 책망받는다.

보이지 않는 감독자이신 하나님께서 보고 계신다는 것을 알고, 다른 일을 하지 말고 교회 일을 목숨 걸고 하라. 그러면 하나님께서 도와주신다. 하나님의 도움 없이는 재능이 있어도 하나님이 원하시는 교회가 될 수 없다.

CHAPTER **08**

교회 우상이 되지 말라

▼ 1. 목회자들이 우상이 되면 안 된다

▼ 2. 우상이 안 되는 방법

1. 목회자들이 우상이 되면 안 된다

첫째로 큰 교회 목회자를 하나님처럼 섬기라 하며 우상화한다.

둘째로 목회자 자신이 대단한 존재인 것처럼 말하고 행동하여 우상화한다.

셋째로 작은 교회 목회자도 하나님이 기름 부은 종이라고 하면서 자신을 높이고 성도에게 특별한 대접을 바라기도 하고 군림하려고 한다.

넷째로 목사는 영의 아버지라 하고, 사모는 영의 어머니라 하여 우상화한다.

이런 것들이 목회자를 우상화하는 것이다. 이것은 제2계명을 어기는 것이고 하나님께 죄가 되고 마귀에게 속는 것이다.

(출 20:4-6) "[4] 너를 위하여 새긴 우상을 만들지 말고 또 위로 하늘에 있는 것이나 아래로 땅에 있는 것이나 땅 아래 물 속에 있는 것의 어떤 형상도 만들지 말며 [5] 그것들에게 절하지 말며 그것들을 섬기지 말라 나 네 하나님 여호와는 질투하는 하나님인즉 나를 미워하는 자의 죄를 갚되 아버지로부터 아들에게로 삼사 대까지 이르게 하거니와 [6] 나를 사랑하고 내 계명을 지키는 자에게는 천 대까지 은혜를 베푸느니라"

자신을 우상시하는 사람은 삼사 대까지 저주받는다. 이 무서운 죄를 범하면서도 본인은 모르고 있으니 안타까운 일이다.

목회자를 우상시하지 않는 방법이 있다.

예수님의 가르침대로 행하면 된다.

(요 14:23-24) "[23] 예수께서 대답하여 이르시되 사람이 나를 사랑하면 내 말을 지키리니 내 아버지께서 그를 사랑하실 것이요 우리가 그에게 가서 거처를 그와 함께 하리라 [24] 나를 사랑하지 아니하는 자는 내 말을 지키지 아니하나니 너희가 듣는 말은 내 말이 아니요 나를 보내신 아버지의 말씀이니라"

예수님의 말씀을 깨닫고 지키면 하나님께 사랑받고 하나님이 함께하신다고 말씀하고 있다.

만약 지키지 않으면, 하나님 아버지의 말씀을 지키지 않았으니 사랑도 못 받고 하나님이 함께하지도 않는다는 말씀이다.

2. 우상이 안 되는 방법

그러므로 예수님이 제자들에게 가르쳐 주신 말씀이 진리이다.

하나님이신 예수님이 종의 형체로 낮아져서 사람들을 섬기는 본을 보이셨다. 목회자도 예수님처럼 행하면 된다. 스스로 종이 되어서 성도를 섬기면 된다.

첫째는 스스로 종으로 낮아져라.

둘째는 영광이나 박수받지 말고 하나님만 받으시게 하라.

셋째는 받는 자가 되지 말고 섬기는 자가 되어라.

예수님의 가르침을 실천하라. 그래야 우상이 되지 않고 하나님의 종이 된다.

예수님은 '낮아지라, 섬기라, 돕는 자가 되어라, 주라, 대접하라, 사랑하라.' 종이 되라고 하셨다.

대접받으려고 하지 말고 대접하고, 밥도 사주고 커피도 사주고 선물도 주고 어려운 가정을 도와주면 자기가 우상이 되지 않고 섬기는 종이 되는 것이다. 그리고 잘한 것은 자기가 영광받지 말고 오직 하나님께 영광을 돌려야 한다. 말씀처럼 해야 한다.

(마 6:13) "나라와 권세와 영광이 아버지께 영원히 있사옵나이다. 아멘"

사람에게 사랑과 존경을 받을 때 낮아져서 종처럼 말하고 섬겨야 우상이 되지 않고 예수님 말씀대로 사는 것이다.

예수님은 이런 사람을 사랑하시고 그와 함께하시고 그가 예수님 안에, 예수님이 그 안에 거하시는 것이다.

(요 14:20) "그 날에는 내가 아버지 안에, 너희가 내 안에, 내가 너희 안에 있는 것을 너희가 알리라"

성도에게 사랑과 존경은 받지만 스스로 낮아져서 종이 되었으니, 우상이 되지 않고 참된 종이 되는 것이다. 이것이 진정으로 예수님께서 원하는 제자의 길이고 목회자상이다.

CHAPTER **09**

하나님이 함께하는 사람이 되어라

목회가 안 되는 이유는 하나님이 함께하지 않기 때문이다.

앞에서 말한 것처럼 죄가 많거나, 기도가 부족하거나, 마귀를 이기지 못하거나, 악령을 받았기 때문이다. 이런 결과를 가져온 것도 하나님의 말씀을 경솔하게 여기고 지키지 않았기 때문이다.

많은 목회자에게 여러 가지 이유로 하나님이 함께하지 않으신다. 그런데 왜 함께하지 않는지도 모른다.

본인은 예수님을 믿고 신학교를 나왔고 목회자가 되었으니 하나님이 함께하신다고 믿고 있다. 착각하고 있는 것이다.

어디서부터 잘못되었는지도 모른다. 그래서 사는 것이 답답하다. 이것이 피조물인 사람이다. 사람은 아무것도 아니다. 이런 것도 성령 하나님께서 깨달음을 주셔야 알 수 있다. 그래서 성령 받는 것이 중요하다.

그러면 지금부터 하나님이 함께하지 않는 것을 설명하고자 한다.

1) 교회에 나오는 성도들이 모두 선택받아 구원받지 못한다. 그중에 자신도 들어있었을 수 있다.

2) 구약의 제사장이나 선지자 중에 하나님이 함께하는 사람은 적었고 함께하지 않는 사람이 더 많았다. 지금도 함께하지 않는 목회자들이 더 많다. 그래서 거짓 선지자가 많다고 하신다.

구약성경을 보면, 북쪽 이스라엘 왕 여로보암부터 호세아까지 19명의 왕이 있었다. 그들은 하나님을 믿었다. 그러면서 풍요의 신 바알과 아세라도 믿었다. 어떤 왕은 하나님을 믿고 우상숭배는 안 했지만 하나님이 싫어하시는 악을 행했다. 또 다른 왕은 하나님을 믿었으나, 백성들이 예루살렘 솔로몬 성전에 가서 제사를 드리면 그들의 마음이 유다로 갈까 하여 벧엘과 단에 송아지를 만들어 놓고 송아지가 우리를 구원한 신이라고 속였다. 자기의 왕권을 계속 유지하기 위하여 백성을 속인 것이다. 이 모든 왕이 하나님께 죄악을 범했다. 그래서 하나님이 함께하지 않으셨다. 그들은 심판을 받아 멸망당했다.

그들은 제사장도 세웠다. 그러나 아론의 후손만이 제사장이 될 수 있음에도 불구하고 아무나 지원자를 세워 제사장 역할을 하게 하였다. 그들은 제단도 세우고 산당도 여러 곳에 세웠다. 하지만 하나님께서는 제사장도 제단도 인정하지 않으셨다. 오히려 그것들이 하나님의 진노를 사서 멸망당하게 하는 죄악이 되었다. 하나님은 북쪽 이스라엘에 엘리야, 엘리사와 같은 능력의 종을 보내어 오랜 세월 회개의 기회를 주셨지만, 그들이 회개하지 않으므로 앗수르 나라에 주어 멸망시키셨다. 그들은 모두 지옥에 갔다.

그들은 아브라함의 자손이요, 야곱의 12지파 중 10지파요, 할례받은 사람이요, 특별히 선택받은 민족이라는 우월감을 가지고 있었다. 그들이 위기를 만날 때 부분적으로 기도를 듣고 구원해 주기도 하시고, 어떤 왕이 통치할 때는 부강하게도 하셨다. 그러나 그때뿐이었다. 결과적으로 하나님은 인정하지 않으셨고 함께하지 않으셨으며 심판하셨다.

예레미야 선지자 시대에도 똑같은 일이 일어났다.

(렘 23:16,17,21,25,26) "[16] 만군의 여호와께서 이와 같이 말씀하시되 너희에게 예언하는 선지자들의 말을 듣지 말라 그들은 너희에게 헛된 것을 가르치나니 그들이 말한 묵시는 자기 마음으로 말미암은 것이요 여호와의 입에서 나온 것이 아니니라

[17] 항상 그들이 나를 멸시하는 자에게 이르기를 너희가 평안하리라 여호와의 말씀이니라 하며 또 자기 마음이 완악한 대로 행하는 모든 사람에게 이르기를 재앙이 너희에게 임하지 아니하리라 하였느니라

[21] 이 선지자들은 내가 보내지 아니하였어도 달음질하며 내가 그들에

게 이르지 아니하였어도 예언하였은즉
[25] 내 이름으로 거짓을 예언하는 선지자들의 말에 내가 꿈을 꾸었다 꿈을 꾸었다고 말하는 것을 내가 들었노라
[26] 거짓을 예언하는 선지자들이 언제까지 이 마음을 품겠느냐 그들은 그 마음의 간교한 것을 예언하느니라"

예레미야 선지자 시대에 하나님이 함께하지 아니하는 거짓 제사장과 선지자들이 가득했다. 하나님이 함께하는 선지자는 매우 적었다.
(렘 23:11) "여호와의 말씀이니라 선지자와 제사장이 다 사악한지라 내가 내 집에서도 그들의 악을 발견하였노라"
(렘 28:15-17) "[15] 선지자 예레미야가 선지자 하나냐에게 이르되 하나냐여 들으라 여호와께서 너를 보내지 아니하셨거늘 네가 이 백성에게 거짓을 믿게 하는도다 [16] 그러므로 여호와께서 이와 같이 말씀하시되 내가 너를 지면에서 제하리니 네가 여호와께 패역한 말을 하였음이라 네가 금년에 죽으리라 하셨느니라 하더니 [17] 선지자 하나냐가 그 해 일곱째 달에 죽었더라"

3) 예수님 시대에도 하나님이 함께하지 않은 종들이 많았다.
(막 14:1) "이틀이 지나면 유월절과 무교절이라 대제사장들과 서기관들이 예수를 흉계로 잡아 죽일 방도를 구하며"
(마 23:1-3) "[1] 이에 예수께서 무리와 제자들에게 말씀하여 이르시되 [2] 서기관들과 바리새인들이 모세의 자리에 앉았으니 [3] 그러므로 무엇이든지 그들이 말하는 바는 행하고 지키되 그들이 하는 행위는 본받지 말라 그들은 말만 하고 행하지 아니하며"
(마 23:25) "화 있을진저 외식하는 서기관들과 바리새인들이여 잔과 대접의 겉은 깨끗이 하되 그 안에는 탐욕과 방탕으로 가득하게 하는도다"

4) 예수님 재림 때도 하나님이 함께하지 않는 목회자와 예언자들이 많다.

지금 목회자와 교회 중에도 이런 사람들과 교회가 많다는 것을 알았으면 한다. 그 증거로 예수님 재림 때 7개 교회 중에 2개 교회는 칭찬받고 5개 교회는 책망받거나 죽은 교회라는 것을 말씀하셨다.

지금 내가 죽은 교회나 책망받는 교회를 만들어 이끌고 있지 않은지 점검해 보아야 한다. 하나님이 함께하지 않는 성도, 목회자, 교회가 생각보다 많다. 이런 것을 깨달았다면 정신을 바짝 차리고 회개하고 바르게 해야 한다. 하나님이 칭찬하시는 교회를 만들어야 한다.

모든 목회자와 교회, 그리고 성도에게 하나님이 함께하셔야 하나님 믿는 기쁨이 있고 평안하고 행복한 삶을 살게 된다.

성자 하나님이신 예수님이 제자들과 함께하셨다.

예수님의 제자들은 예수님의 부름을 받고 제자의 삶을 살았다. 고향과 가정을 떠나 예수님과 함께 전도 여행을 했다.

예수님은 제자들에게 아무것도 가지지 말라고 하셨다.

(마 10:9-10) "[9] 너희 전대에 금이나 은이나 동을 가지지 말고 [10] 여행을 위하여 배낭이나 두 벌 옷이나 신이나 지팡이를 가지지 말라 이는 일꾼이 자기의 먹을 것 받는 것이 마땅함이라"

그리고 사역 말기에 제자들에게 '부족한 것이 있더냐?'라고 물으셨다. 제자들은 '없었나이다.'라고 답했다.

(눅 22:35) "그들에게 이르시되 내가 너희를 전대와 배낭과 신발도 없이 보내었을 때에 부족한 것이 있더냐 이르되 없었나이다"

예수님께서는 하나님이 함께하시면 풍요하지는 못해도 부족함이 없는 삶을 살고, 평안하게 산다는 것을 가르쳐 주셨다.

하나님을 믿고 하나님 말씀대로 살면 하나님이 공급해 주시는 것을 경험한다. 이스라엘 사람들은 광야에서 하나님이 주시는 만나를 통하여 먹고사는 것이 사람의 힘으로 되는 것이 아니라 하나님의 말씀으로 주어지는 것을 경험하게 되었다.

(신 8:3) "너를 낮추시며 너를 주리게 하시며 또 너도 알지 못하며 네 조상들도 알지 못하던 만나를 네게 먹이신 것은 사람이 떡으로만 사는 것이 아니요 여호와의 입에서 나오는 모든 말씀으로 사는 줄을 네가 알게 하려 하심이니라"

예수님도 우리에게 똑같은 말씀을 하셨다.

(마 4:4) "예수께서 대답하여 이르시되 기록되었으되 사람이 떡으로만 살 것이 아니요 하나님의 입으로부터 나오는 모든 말씀으로 살 것이라 하였느니라 하시니"

먹고사는 문제에 대해 대부분의 사람은 자신이 일해야 먹고사는 것으로 안다.

하나님은 하나님이 공급해야 먹고산다고 말씀하신다.

하나님과 예수님의 말씀이 맞았다.

이스라엘 백성은 40년간 일을 하지 않고 하나님이 주시는 것으로 살았다. 그들이 광야에서 죽은 것은 먹을 것이 없어서가 아니라 하나님의 말씀을 의심하고 거역하는 죄를 범했기 때문이다.

예수님의 제자들도 예수님과 같이 있을 때는 먹을 것이 있었다. 제자인 가룟 유다가 죽은 것은 먹지 못해서가 아니라 예수님을 배반했기 때문이다.

우리는 깨달아야 한다. 하나님이 함께하실 때는 하나님이 공급해 주시는 것으로 먹고산다. 반대로 하나님이 함께하지 않을 때는 자기 힘으로 일해서 먹고산다. 그래서 사는 것이 힘들다고 하는 것이다.

많은 사람이 예수님께서 제자들에게 전도 훈련을 시키고 귀신을 쫓아내고 병자를 치료하고 복음을 전한 것만 설교한다.

아니다. 예수님은 제자들의 삶을 가르치셨다.

· 아무것도 가지지 않는 삶
· 낮아지는 삶
· 섬기는 삶
· 온유하고 겸손한 삶
· 하나님만 믿고 사는 삶
· 그러면서 자유하는 삶
· 그리고 부족함이 없는 삶

이런 삶을 살려면 예수님의 가르침대로 하고 하나님만 있으면 된다.
예수님이 성자 하나님이시다.
하나님이 함께하시면 부족함이 없다는 것을 가르치셨다.
현재 하나님이 공급해 주시는 것으로 부족함이 없는 삶을 살고 있다면 하나님이 함께하신 것이다.

모든 사람이 부족한 삶을 사는 것은 하나님이 함께하지 않기 때문이다.
하나님이 함께하지 않으면 모든 것이 부족해진다.
마음, 정신, 생활, 먹고사는 일들이 마음대로 안 된다.

기독교인 중에 하나님이 함께하지 않는 사람이 많다. 그런데 그 사실을 모르고 있다. 하나님이 함께하지 않는 사람은 잘되는 일이 없다.
· 목회도 안 된다.
· 생활도 어렵다.
· 가정도 불행하다.
· 부부 사이도 나쁘다.
· 부모와 자녀의 관계도 나쁘다.
· 교인들과의 관계도 나쁘다.

하나님이 함께하지 않는 이유가 있다.

그 사람의 성품, 인격, 언어, 행동, 마음, 신앙생활이 하나님 마음에 안 든다. 이런 사람은 회개하고 자신의 모든 것을 바르게 해야 하나님이 함께하신다.

사람들이 잘못 알고 있는 것은,
하나님 믿으면 무조건 하나님이 함께하시고 기도하면 무조건 들어주는 것으로 안다는 것이다.
절대로 그렇지 않다. 하나님의 마음에 들어야 기도도 들어주시고 함께해 주신다.

사도 바울도 하나님이 함께하셔서 부족함이 없었다. 결혼도 안 하고 여러 나라를 다니며 복음을 전했지만 부족함이 없었다. 배가 고파서 사역을 못하거나 돈이 없어서 사역을 못하는 일은 없었다. 오히려 하나님이 함께하시므로 모든 것을 할 수 있었다.
다른 제자들도 마찬가지였다. 베드로, 사도 요한도 하나님이 함께하셨다. 구약 성경에도 하나님이 함께한 사람이 많이 기록되어 있다.

하나님이 함께하시도록 하는 방법
하나님의 말씀을 듣고 순종하는 것이다.
에녹은 하나님의 말씀을 듣고 순종했다. 그래서 하나님이 함께해 주신 것이다. 만약 하나님의 말씀을 듣고 불순종했다면 에녹과 함께하지 않았을 것이다.

(창 5:24) "에녹이 하나님과 동행하더니 하나님이 그를 데려가시므로 세상에 있지 아니하였더라"

노아도 하나님의 말씀을 듣고 순종했다. 그래서 함께해 주셨고 홍수에서 구원해 주셨다.

(창 6:9) "이것이 노아의 족보니라 노아는 의인이요 당대에 완전한 자라 그는 하나님과 동행하였으며"

아브라함도 하나님의 말씀에 순종했다. 그래서 하나님이 함께해 주셨다.
(창 12:1) "여호와께서 아브람에게 이르시되 너는 너의 고향과 친척과 아버지의 집을 떠나 내가 네게 보여 줄 땅으로 가라"

하나님께서 여호수아에게 '율법책에 기록한 것을 모두 지켜라. 그리하면 너와 함께하겠다.'라고 말씀하신다. 여호수아가 하나님 말씀대로 모두 지키므로 하나님이 함께해 주셔서 가나안 족속을 물리치고 이스라엘 사람들에게 땅을 분배하였고, 복된 삶을 살다가 하나님께로 갔다.

(수 1:7-9) "[7] 오직 강하고 극히 담대하여 나의 종 모세가 네게 명령한 그 율법을 다 지켜 행하고 우로나 좌로나 치우치지 말라 그리하면 어디로 가든지 형통하리니 [8] 이 율법책을 네 입에서 떠나지 말게 하며 주야로 그것을 묵상하여 그 안에 기록된 대로 다 지켜 행하라 그리하면 네 길이 평탄하게 될 것이며 네가 형통하리라 [9] 내가 네게 명령한 것이 아니냐 강하고 담대하라 두려워하지 말며 놀라지 말라 네가 어디로 가든지 네 하나님 여호와가 너와 함께 하느니라 하시니라"

만약 여호수아가 하나님의 말씀에 불순종했다면 하나님이 함께하지 않았고, 그는 가나안 땅을 얻지 못했을 것이다.

예수님이 알려 주신다. 하나님이 함께하는 방법과 하나님께 사랑받는 방법을 말씀하신다.

(요 14:15,21,23,24) "[15] 너희가 나를 사랑하면 나의 계명을 지키리라 [21] 나의 계명을 지키는 자라야 나를 사랑하는 자니 나를 사랑하는 자는 내 아버지께 사랑을 받을 것이요 나도 그를 사랑하여 그에게 나를 나타내리라

[23] 예수께서 대답하여 이르시되 사람이 나를 사랑하면 내 말을 지키리니 내 아버지께서 그를 사랑하실 것이요 우리가 그에게 가서 거처를 그와 함께 하리라

[24] 나를 사랑하지 아니하는 자는 내 말을 지키지 아니하나니 너희가 듣는 말은 내 말이 아니요 나를 보내신 아버지의 말씀이니라"

예수님은 승천하시면서도 '가르쳐 지키게 하라'고 말씀하셨다. 예수님의 말씀을 지키는 자에게 함께하신다는 말씀이다. 반대로 해석하면 예수님의 말씀을 지키지 않는 자에게는 함께할 이유가 없다는 것이다.

(마 28:20) "내가 너희에게 분부한 모든 것을 가르쳐 지키게 하라 볼지어다 내가 세상 끝날까지 너희와 항상 함께 있으리라 하시니라"

하나님은 성경에 등장한 모든 사람에게 같은 약속을 하셨다. 계명을 철저히 지키는 사람에게는 언제나 함께하여 모든 일을 도와주셨다. 그러나 계명을 어기는 사람은 그 죗값으로 벌을 받았다.

솔로몬이 은혜가 충만할 때는 십계명을 지켰다. 그때는 하나님이 함께하셔서 그의 기도를 들어주시고 지혜도 주시고 부귀영화도 주셨다. 성전도 건축하게 하시고 궁전도 건축하게 하시고 여러 성을 건축하게 하시어 강대한 국가가 되도록 함께하셨다.

그런데 늙어서 하나님의 말씀을 잊어버리고 계명을 어겨 우상숭배를 하였다. 그래서 하나님께서는 솔로몬과 함께 하지 않으시고, 나라를 빼앗아 여로보암에게 주셨다.

(왕상 11:11-13) "[11] 여호와께서 솔로몬에게 말씀하시되 네게 이러한 일이 있었고 또 네가 내 언약과 내가 네게 명령한 법도를 지키지 아니하였으니 내가 반드시 이 나라를 네게서 빼앗아 네 신하에게 주리라 [12] 그러나 네 아버지 다윗을 위하여 네 세대에는 이 일을 행하지 아니하고 네 아들의 손에서 빼앗으려니와 [13] 오직 내가 이 나라를 다 빼앗지 아니하고 내 종 다윗과 내가 택한 예루살렘을 위하여 한 지파를 네 아들에게 주리라 하셨더라"

감독자 여로보암은 솔로몬의 죄로 인해 갑자기 10지파를 받아 북쪽 이스라엘의 왕이 되었다. 하나님은 여로보암에게 '다윗처럼 계명과 율법을 지켜 행하면 너와 함께 있어 다윗을 위하여 세운 것 같이 너를 위하여 견고한 집을 세우고 이스라엘을 네게 주리라.'라고 말씀하셨다.

(왕상 11:34-38) "[34] 그러나 내가 택한 내 종 다윗이 내 명령과 내 법도를 지켰으므로 내가 그를 위하여 솔로몬의 생전에는 온 나라를 그의 손에서 빼앗지 아니하고 주관하게 하려니와 [35] 내가 그의 아들의 손에서 나라를 빼앗아 그 열 지파를 네게 줄 것이요 [36] 그의 아들에게는 내가 한 지파를 주어서 내가 거기에 내 이름을 두고자 하여 택한 성읍 예루살렘에서 내 종 다윗이 항상 내 앞에 등불을 가지고 있게 하리라 [37] 내가 너를 취하리니 너는 네 마음에 원하는 대로 다스려 이스라엘 위에 왕이 되되 [38] 네가 만일 내가 명령한 모든 일에 순종하고 내 길로 행하며 내 눈에 합당한 일을 하며 내 종 다윗이 행함 같이 내 율례와 명령을 지키면 내가 너와 함께 있어 내가 다윗을 위하여 세운 것 같이 너를 위하여 견고한 집을 세우고 이스라엘을 네게 주리라"

그러나 여로보암은 하나님의 말씀을 듣고 지키지 않았다. 자기 생각대로 자기 욕심을 채우기 위하여 벧엘과 단에 금송아지를 만들어 그것을 섬기게 하였다. 그래서 하나님은 여로보암과 함께하지 않으시고 그를 심판하셨다.

(왕상 14:6-12) "[6] 그가 문으로 들어올 때에 아히야가 그 발소리를 듣고 말하되 여로보암의 아내여 들어오라 네가 어찌하여 다른 사람인 체하느냐 내가 명령을 받아 흉한 일을 네게 전하리니 [7] 가서 여로보암에게 말하라 이스라엘의 하나님 여호와의 말씀이 내가 너를 백성 중에서 들어 내 백성 이스라엘의 주권자가 되게 하고 [8] 나라를 다윗의 집에서 찢어내어 네게 주었거늘 너는 내 종 다윗이 내 명령을 지켜 전심으로 나를 따르며 나 보기에 정직한 일만 행하였음과 같지 아니하고 [9] 네 이전 사람

들보다도 더 악을 행하고 가서 너를 위하여 다른 신을 만들며 우상을 부어 만들어 나를 노엽게 하고 나를 네 등 뒤에 버렸도다 [10] 그러므로 내가 여로보암의 집에 재앙을 내려 여로보암에게 속한 사내는 이스라엘 가운데 매인 자나 놓인 자나 다 끊어 버리되 거름 더미를 쓸어 버림 같이 여로보암의 집을 말갛게 쓸어 버릴지라 [11] 여로보암에게 속한 자가 성읍에서 죽은즉 개가 먹고 들에서 죽은즉 공중의 새가 먹으리니 이는 여호와께서 말씀하셨음이니라 하셨나니 [12] 너는 일어나 네 집으로 가라 네 발이 성읍에 들어갈 때에 그 아이가 죽을지라"

어느 시대나 계명을 지키는 자에게는 하나님이 함께하셨고, 계명을 지키지 않는 자에게는 하나님이 함께하지 않으셨다.

지금도 하나님은 동일하게 일하신다. 그런데 수많은 교회가 계명은 율법이라고 하고, 지금은 은혜 시대고 율법 시대는 지나갔다고 하면서 계명을 지키지 않는다. 그런 교회에 하나님은 함께하지 않으신다. 계명을 지키지 않는 목회자와 성도에게도 함께하지 않으신다. 이 사실을 알았으면 좋겠다.

예수님은 율법의 일점일획도 없어지지 않는다고 분명하게 말씀하셨다.

(마 5:18) "진실로 너희에게 이르노니 천지가 없어지기 전에는 율법의 일점일획이라도 반드시 없어지지 아니하고 다 이루리라"

또 말씀하시기를 예수님은 율법을 완성하러 오셨다고 하셨다.

(마 5:17) "내가 율법이나 선지자나 폐하러 온 줄로 생각지 말라 폐하러 온 것이 아니요 완전케 하려 함이로다"

CHAPTER 10

사모를 앞장세우지 말라

▼ 1. 사모를 앞에 세울 때의 장점

▼ 2. 사모를 앞에 세울 때의 단점

▼ 3. 사모가 뒤에 있을 때의 장점

▼ 4. 사모가 뒤에 있을 때의 단점

사모는 교회에서 어떤 위치인가?

사모는 평신도다. 목사의 부인이기 때문에 '사모'라고 존칭하는 것이다. 그런데 어떤 교회에서는 사모가 교회의 이인자 역할을 하며 대접받는다. 심한 곳은 '영의 어머니'라고 부르며 섬기라고 한다.

이런 것이 성경적일까?

성경에는 사모의 위치가 없다. 목회자가 자기 생각으로 사모를 교회에서 일하게 하고 높여 대접하게 하는 것이다. 교회 일을 하는 것은 죄가 되지 않지만, 목사의 다음가는 위치로 높이고 대접받게 하는 것은 죄가 될 수 있다. 또 사모가 앞장서서 일할 때 사모의 말이나 행동, 대우 때문에 성도가 시험들어 교회를 떠나게 되면 죄가 된다. 사모가 실수를 많이 하여 교회가 성장하지 않는 것도 죄가 된다. 그 죄 때문에 목회자의 가정에 고난이 많고 영벌을 받을 수도 있다.

사모도 교회에서 어떤 일이든 할 수 있다. 그것은 일한 만큼 상급을 받는다. 그리고 목사 부인으로서 대접받는 것은 죄가 안 된다.

교회는 회사가 아니다. 회사는 개인 것이니 사모가 이인자가 될 수 있다. 그러나 교회는 하나님의 것이므로 하나님이 인정한 직책을 가진 자가 일도 하고 대접도 받아야 한다.

1. 사모를 앞에 세울 때의 장점

· 목사의 일을 도와주므로 목사가 편하다.
· 믿을 수 있는 사람이므로 믿고 맡길 수가 있다.
· 누구보다도 열심히 일한다.
· 일하는 것을 좋아하는 사모는 자기 성품에도 맞는다.

2. 사모를 앞에 세울 때의 단점

- 사모 때문에 시험드는 성도가 많다.
- 교회의 일꾼들이 목사와 사모의 눈치를 보면서 일한다.
- 여성도들은 사모에게 미움받을까 하여 목사에게 가까이하지 못한다.
- 교회 일이나 상담할 것도 못 하게 된다.
- 교회 리더를 세워 일하게 해야 하는데 사모가 간섭하면 못 한다.
- 그래서 교회 사역자가 만들어지지 않고 성도들이 '자기 교회'라는 생각을 안 하게 된다.
- 이런 결과로 교회 일도 적당히 하게 된다.
- 사모가 일하므로 목사가 발전하지 못한다.
- 목사는 교회 일을 하면서 힘든 상황에 처할 때 기도하고 고민하며 방법을 찾아 해결하는 일을 하면서 성장한다. 여러 가지 실패를 하며 경험하고, 실패하지 않을 방법을 찾으며 성장한다. 그런데 사모를 앞장세우면 이것이 안 된다.
- 남자든 여자든 똑똑한 성도들은 사모가 간섭하는 것을 싫어하여 교회를 떠난다.
- 사모는 잘해도 욕먹고 못해도 욕먹는다.
- 잘못하면 자녀들까지 성도에게 비난받는 가십거리가 된다.
- 목사, 사모, 자녀까지 흔히 말하는 도마에 올라 칼질당한다.
- 또 사모가 일을 많이 하여 몸이 망가진 경우도 많다.

3. 사모가 뒤에 있을 때의 장점

- 사모는 가정일만 하면 된다. 그러면 사모의 몸이 편하다.
- 사모가 자기 일을 가질 수 있다.
- 직장을 다니거나 취미생활을 할 수 있다.
- 성도는 교회 주방일이나 심방, 그리고 사역까지 해야 하므로 사역자가 만들어진다.
- 성도가 일을 많이 하면 내 교회라는 의식이 생기고 주인의식이 생긴다.
- 목회는 목사가 하므로 성도와 가까워진다.
- 목사는 바쁘고 힘들지만 생각하고 고민하는 만큼 발전하고 성장한다.
- 목사가 성장한 만큼 교회도 성장한다.

4. 사모가 뒤에 있을 때의 단점

- 목회자와 성도 간에 이성 문제가 발생할 수 있어 조심해야 한다.
- 일하는 것을 좋아하는 사모는 우울해질 수 있으니 자기 일을 가져야 한다.

CHAPTER **11**

천국 가는 자와 지옥 가는 자

▼ 1. 천국 가는 목회자

▼ 2. 지옥 가는 목회자

1. 천국 가는 목회자

1) 기도원에 갔다. 강사 목사님이 설교를 하는데 머리에 둥그렇게 빛이 나고 있었다. 그래서 주님께 '저것이 무엇입니까?'라고 여쭈었다. 주님이 '그는 나의 사랑하는 종'이라고 하셨다. 그 목사님은 초대형 교회 담임목사지만 총회에 가지 않고 목회만 하시는 분이다.

2) 어느 기도원에서 사회를 보는 목사님의 얼굴에 빛이 났다. 그래서 주님께 여쭤보았다. '그는 나의 사랑하는 종'이라고 하셨다. 그 목사님은 욕심이 없고 바르게 사신다는 분이다.

3) 한 시골교회 목사님이 상담하러 오셨다. 시골에서 목회한다고 자녀들 공부를 시키지 못했는데 그것이 제일 마음 아프다고 하였다. 아들을 얻기 위해서 8명의 자녀를 낳았다고 한다. 첫째 딸이 초등학교밖에 못 나와서 가슴이 아프다고 하였다. 주님께 기도했더니 "내 사랑하는 종아, 염려하지 말라. 너희 자녀는 나의 자녀다. 네가 키우는 것이 아니라 내가 키운다."라고 하셨다. 주님께서 첫째 딸을 축복하여 잘살게 하겠다고 말씀하셨다. 그 후 몇 년이 지났다. 첫째 딸이 결혼했는데 사위가 신앙도 좋고 사람이 좋아서 행복하게 살고, 사위가 하는 사업도 잘되어 부자가 되었다고 한다. 그래서 목사님도 도와주고 동생들도 도와준다고 하였다. 하나님은 살아 계신다.

2. 지옥 가는 목회자

1) 어떤 여전도사가 평생을 하나님의 일을 하였다. 능력도 받아 병자 치유 기도도 하고 예언도 했다. 그녀가 병이 들어 죽었는데 지옥으로 가는 모습을 보여 주셨다. 주님께 물었다. "그녀는 왜 지옥에 가는가요?" 주님은 "그녀가 나의 이름을 이용하여 자기 이익을 챙겼다. 그리고 나의 말대로 살지 않았다."라고 하셨다.

2) 어떤 여목사가 머리는 뱀이고 몸은 사람이었다. 그래서 "주님, 저것은 무엇입니까?"라고 물었다. 주님은 "사탄의 무리라." 라고 하셨다.
그 후 그 여목사가 죽었는데 지옥 가는 모습을 보여 주셨다.

3) 기도원에서 부흥집회를 하는데 외국에서 한인 목회를 하는 분이 강사였다. 그는 매시간 헌금만 강조했다. 그런데 그 옆에 한 천사가 나타나 채찍으로 그를 때렸다. "주님, 이것은 무슨 뜻입니까?" 하였더니 주님이 말씀하셨다. "잘못된 복음을 전하여 채찍으로 때려 고난을 주었지만 깨닫지 못하고 계속 잘못된 복음을 전한다." 하시며, "이대로 가면 고통을 받고 지옥 간다."라고 하셨다.

4) 어떤 목회자는 교회 운영이 어려워 이단에게 교회를 팔았다. 주님께 물어보았더니, '그는 가룟 유다'라고 하시며 회개해도 용서하지 않는다고 하셨다.

5) 어떤 목사는 시골에서 편하게 목회한다. 주일 낮 예배와 주일 오후 2시 예배드리고, 새벽기도회와 수요기도회도 없고 금요철야기도회도 없다. 남는 시간은 자유롭게 산다. 주님께 물었다. "그는 악하고 게으른 종이다. 슬피 울며 이를 갊이 있으리라."라고 하셨다.

6) 어느 목사는 교회를 팔아 일부는 자기가 갖고 일부는 교회를 운영한다. 그 돈이 수십억 원이 된다. 주님께 물었다. "그는 지옥 간다."라고 말씀하셨다.

7) 어떤 분은 목회를 하는데 교회는 소교회였다. 그런데 그가 중점으로 하는 것은 학교 운영이다. 학교는 잘 되었다. 그러나 교회와 관계없는 개인 소유의 학교였다. 주님께 물어보았다. 주님은 "나의 종이 아니다."라고 하셨다. 그리고 "그는 지옥 가나요?" 하고 물으니 "그렇다."라고 하셨다.

8) 교회의 헌금을 개인적으로 유용하거나 횡령하는 목회자가 있다. 헌금을 자기 것처럼 사용한다. 그에 대해서도 주님께 물었다. 주님은 "그도 가룟 유다와 같다."라고 하셨다.

9) 큰 교회 목사가 있었다. 성령의 능력을 행하고 초대형 교회로 성장하여 유명한 목사가 되었다. 죽었을 때 장례식이 세상 화려했다. 주님께 "그는 죽어서 어디로 갔나요?" 하고 물었는데 지옥에 있는 모습을 보여 주셨다. 먼저 죽은 그 부인도 지옥에 있었다.

10) 어떤 유명한 여자 목사를 놓고 기도로 물어보았다. 그녀는 악령이 들어있었다.

11) 한 소교회 목사가 엉터리 목회를 하고 있다. 그도 악령이 들어있었다.

이 외에도 수많은 응답을 받았다. 우리는 하나님의 심판을 두려워해야 한다.

12) 지옥 가는 목사들에 관한 예수님의 말씀
· 사명 감당하지 않은 목사들에게 "악하고 게으르다."라고 하셨다.
· 목회하면서 교인을 돌보지 않고 기도하지 않고 성경을 연구하지 않고 성경의 말씀대로 살지 않고 시간을 다른 곳에 사용하는 자에게 "악하고 게으르고 불법을 행한 자다. 슬피 울며 이를 갈리라."라고 하셨다.
· 교회 운영을 잘못하는 사람에게는 "악을 행한 자라."라고 하셨다.
· 욕심을 부려 돈이나 재산을 챙긴 자에게는 "내 이름을 이용하여 자기 욕심을 채웠다."라고 하셨다.
· 자기 이름을 높이는 자에게는 "내 영광을 가로챘다."라고 하셨다.

- 성도에게 잘못된 예언을 한 사람에게는 "악하다."라고 하셨다.
- 성도를 잘못된 길로 인도하는 자에게는 "소경이 소경을 인도한다."라고 하셨다.
- 하나님 말씀대로 살지 않은 자에게는 "불법을 행했다."라고 하셨다.
- 하나님의 뜻을 이루지 않고 자기 뜻을 이룬 자에게도 "불법을 행했다." 라고 하셨다.
- 인본주의로 목회를 한 사람에게는 "나는 그를 모른다."라고 하셨다.
- 병들어 죽어가는 목사 중에서 목회를 하나님 말씀대로 하지 않은 사람에게는 "사명이 끝났다."라고 하셨다.

목사로서 고생했느냐, 큰 교회를 하느냐, 작은 교회를 하느냐, 목회를 수십 년을 했느냐가 아니라 하나님 말씀대로 했느냐를 보신 것이다.

13) 세습하는 것은 하나님이 인정하지 않는다.

매우 큰 교회 목사님이다. 그는 교회를 아들에게 세습하였다. 그리고 그것을 합리화하는 설교를 하고, 교회에서 많은 행사를 통해 자신이 목회를 잘하고 있다고 광고하였다.

그런데 예수님은 "내가 처음에는 그와 함께해 주었다. 크게 성장한 후에는 교만해져서 자기 생각대로 하며 나를 버렸다. 그는 사울 왕과 같은 사람이다. 그래서 나도 그를 버렸다. 그는 더욱 인본주의로 교회를 이끌고 있다. 그는 자기 성을 쌓았고 나를 팔아서 자기 뜻을 이루고 있다. 그는 불법을 행한 자들이 가는 곳으로 간다."라고 말씀하셨다.

세습하는 것은 마음에 욕심과 인본주의가 들어간 것이다. 즉, 사탄이 집어넣은 것이다. 가룟 유다처럼 된 것이다.

14) 신본주의가 아닌 인본주의로 하면 안 된다.

매우 큰 교회의 목사님이 설교하고 있었다. 찬송도 은혜롭게 부르고 설교도 은혜롭게 하셨다. 그리고 목소리도 아나운서처럼 좋았다. 그래서 은혜받고 있는데 예수님이 말씀하셨다.

"그는 사람이 듣기 좋은 설교, 사람의 감정을 위로하는 찬양을 한다. 하나님의 뜻은 전하지 않고 사람의 뜻을 전한다. 그는 지식이 많고 똑똑하나 성도가 하나님을 편하게 믿어도 구원받는 것처럼 말한다. 그래서 그 교인들은 매우 편하게 계명을 지키지 않고 교회생활을 한다. 그래서 많은 사람을 지옥으로 보낸다. 그는 불충한 종이다. 심판을 받을 것이다."

(마 18:6) "누구든지 나를 믿는 이 작은 자 중 하나를 실족하게 하면 차라리 연자 맷돌이 그 목에 달려서 깊은 바다에 빠뜨려지는 것이 나으니라"

우리는 항상 조심해야 한다. 자기의 지식이 많다고 잘 믿는 것이 아니다. 하나님의 말씀대로 믿어야 한다. 사람의 뜻은 내려놓고 하나님의 뜻을 전해야 한다.

15) 지옥 가는 목사들의 특징은 대교회 목사나 소교회 목사나 열매가 나쁘다는 것이다.
- 하나님의 이름을 팔아서 자기 뜻을 이룬다.
- 교회를 자기 왕국으로 만든다.
- 자기를 높이고 영광을 받는다.
- 돈과 명예에 욕심이 많아 죄를 짓는다.
- 과도한 사치를 하고 산다.
- 교회 헌금을 물 쓰듯이 사용하며 즐기고 자랑한다.
- 거짓과 위선이 가득하다.
- 마음에 들지 않는 사람에게는 악을 행한다.
- 계명을 지키지 않는다.
- 하나님 사랑, 이웃 사랑을 안 한다.
- 높은 자리에 앉는 것을 좋아한다.
- 교회에서 우상이 된다.

· 허세를 부린다.
· 교회를 세습한다.
· 목회가 부업이고, 다른 일이 본업이다.
· 목사인데 사명 감당을 안 한다.
· 목사인데 기도를 안 하고 인본주의로 산다.
· 목사인데 가정과 가족을 돌보지 않는다.
· 성품이 게으르거나 못됐다.

part 2
교회 성장편

제1장 목회가 안 되는 큰 이유
제2장 목회가 안 되는 다른 이유
제3장 전도해도 정착되지 않는 이유

CHAPTER **01**

목회가 안 되는 큰 이유

▼ 1. 가장 큰 이유는 하나님이 안 도우시기 때문이다

▼ 2. 죄가 많기 때문이다

▼ 3. 기도가 부족하기 때문이다

▼ 4. 마귀를 이기지 못했기 때문이다

▼ 5. 하나님이 안 도우시는 이유는 선택받지 못했기 때문이다

▼ 6. 하나님아 안 도우시는 이유는 악령들렸기 때문이다

1. 가장 큰 이유는 하나님이 안 도우시기 때문이다

하나님께서 돕지 않으시는데 어떻게 교회가 성장하겠는가?
이 문제를 해결하고 나서 목회를 해야 한다.

안 도우시는 이유는?
첫째는 죄가 많기 때문이다.
둘째는 기도가 부족하기 때문이다.
셋째는 마귀를 이기지 못했기 때문이다.
넷째는 선택받지 못했기 때문이다.
다섯째는 악령이 지배했기 때문이다.

목회가 안 되는 이유는 위의 다섯 가지 중에 있다. 목회가 안 되는 이유를 모르면 아무리 힘써도 안 된다. 안 되는 이유는 모르고 교회 성장 방법만 배우려고 한다. 교회 성장 프로그램만 배워서 하면 모든 사람이 실패한다. 하나님이 도우시지 않는데 교회가 성장하겠는가?

빨리 목회가 안 되는 원인을 찾아서 해결한 후에, 그래서 하나님이 함께하실 때 해야 목회도 즐겁고 교회도 성장하고 목회자도 목회의 보람을 느낀다.

2. 죄가 많기 때문이다

많은 목회자를 보았는데 하나님이 싫어하실 만큼 죄를 많이 짓는다. 그런데 본인들이 죄짓는 것을 모른다. 성도들에게는 죄를 짓지 말라고 하면서 본인들은 매일 죄를 지어 산더미처럼 쌓고 있다.

죄의 값은 사망이다.

(롬 6:23) "죄의 삯은 사망이요 하나님의 은사는 그리스도 예수 우리 주 안에 있는 영생이니라"

죄를 알려면 십계명과 하나님 말씀을 알아야 한다.

우리는 하나님께서 주신 십계명과 율법을 통해 어떤 것이 죄인지를 명확하게 알 수 있다. 그러므로 십계명, 율법, 예수님의 말씀을 정확하게 알아야 죄를 안 짓고 산다. 모르면 죄를 짓고 벌과 저주를 받는다.

(롬 3:20) "그러므로 율법의 행위로 그의 앞에 의롭다 하심을 얻을 육체가 없나니 율법으로는 죄를 깨달음이니라"

(롬 7:7) "그런즉 우리가 무슨 말을 하리요 율법이 죄냐 그럴 수 없느니라 율법으로 말미암지 않고는 내가 죄를 알지 못하였으니 곧 율법이 탐내지 말라 하지 아니하였더라면 내가 탐심을 알지 못하였으리라"

1) 십계명을 어기는 죄

어떤 사람들은 구약 율법의 시대는 지나갔다고 말한다. 예수님께서 십자가 위에서 새로운 언약을 주시므로 은혜로 구원받기 때문에 구약의 율법은 안 지켜도 구원받는다고 말하는 사람이 있다.

그분들에게 질문하고 싶다.

정말 예수님 믿고 구원받았다고 십계명을 안 지켜도 되는가?

나는 아니라고 본다. 구원받았으나 십계명을 지켜야 하나님께 믿음을 인정받는다고 생각한다. 그러나 만약 못 지키면 회개하고 죄 용서를 받아야 한다. 그래야 구원받은 것이 지속된다.

만약 십계명을 지키지 않는다면 세상 사람과 무엇이 다른가?

바리새인처럼 말로만 하나님을 믿고 믿음의 행위는 없고 죄만 짓는 사람이 된다.

내가 성경을 연구하고 설교하면서 깨달은 것은, 많은 기독교인이 죄가 무엇인지도 모른다는 것이다. 성경을 정확하게 알지 못하니 죄에 대해서도 모른다. 특히 구약성경을 모르면 신약성경 해석에 오류를 범하는 일이 많아진다.

제10계명 / 세상 욕심과 탐심을 부린 죄

(출 20:17) "네 이웃의 집을 탐내지 말라 네 이웃의 아내나 그의 남종이나 그의 여종이나 그의 소나 그의 나귀나 무릇 네 이웃의 소유를 탐내지 말라"

탐심은 마음에서 일어나는 죄다. 아직 행동에 옮기지 않은 죄다. 이 마음의 탐심을 물리치지 않으면 큰 죄로 연결된다. 탐심을 채우기 위해 거짓말도 하고 도둑질도 하고 간음도 하고 살인도 하고 부모에게 불효도 하고, 주일도 안 지키고 하나님의 이름이 모욕당하게 하고 우상 숭배도 하고 다른 신을 섬기기도 한다. 그래서 탐심이 우상 숭배라고 한 말씀도 있다.

(골 3:5) "그러므로 땅에 있는 지체를 죽이라 곧 음란과 부정과 사욕과 악한 정욕과 탐심이니 탐심은 우상 숭배니라"

많은 목회자가 탐심 때문에 죄를 짓는다.

돈 욕심, 높은 자리에 대한 욕심, 대접받으려는 욕심, 자신을 우상시하는 욕심, 자신을 특별한 존재로 성도들에게 인식시키려는 욕심 등이다.

특히 돈 욕심으로 가장 많은 죄를 짓는다.

교회마다 목회자들이 교회 돈을 횡령하거나 유용하는 죄로 교회에 분쟁을 일으킨다. 헌금은 하나님의 돈이다. 정확하게 재정 집행을 하고 영수증 처리가 되어야 한다. 그런데 목회자가 개인 돈을 쓰듯이 사용하여 나중에 그것이 드러나면 교회가 시끄럽고 많은 사람이 실망하여 교회를 떠난다.

선교비, 개인 여행비, 목회자 활동비 등 여러 명목으로 돈을 가져가 개인 회사의 돈처럼 사용한다. 이런 것이 하나님 앞에 큰 죄다. 돈 욕심이 생겨서 교회 돈을 자기 것처럼 사용하고 영수증 제출도 안 한다.

가룟 유다를 기억하라. 예수님의 재정을 맡아 돈을 훔쳐 간 죗값을 받았다.

(요 12:4-6) "[4] 제자 중 하나로서 예수를 잡아 줄 가룟 유다가 말하되 [5] 이 향유를 어찌하여 삼백 데나리온에 팔아 가난한 자들에게 주지 아니하였느냐 하니 [6] 이렇게 말함은 가난한 자들을 생각함이 아니요 그는 도둑이라 돈궤를 맡고 거기 넣는 것을 훔쳐 감이러라"

어떤 이는 교회를 팔아 일부는 자신이 갖고 일부는 2층 교회를 얻어 목회하기도 하고, 어떤 이는 교회를 팔아 전부를 갖기도 한다. 그리고 어떤 이는 교회 운영이 안 되어서 이단에게 팔아 버리기도 한다.

지방회, 노회, 총회의 돈을 어떻게든지 명목을 대어 가져가거나 유용, 횡령하기도 하고, 부채를 얻어 펑펑 쓰고 나서 임기가 끝나면 모르쇠로 간다.

높은 자리에 앉으려는 욕심도 죄다.

목회자들의 명함을 보면 단체의 대표, 이사장, 회장 등의 직책이 몇 개 혹은 수십 개가 된다. 사실 조사해 보면 아무것도 아닌 단체가 대부분이다.

(마 23:5-7) "[5] 그들의 모든 행위를 사람에게 보이고자 하나니 곧 그 경문 띠를 넓게 하며 옷술을 길게 하고 [6] 잔치의 윗자리와 회당의 높은 자리와 [7] 시장에서 문안 받는 것과 사람에게 랍비라 칭함을 받는 것을 좋아하느니라"

목회자를 우상시하고 대접받으려는 죄도 많이 짓는다.

목회자를 '영의 아버지'라고 하고 사모를 '영의 어머니'라고 속여 우상시하고, 목회자를 잘 섬겨야 복을 받는다고 하면서 많은 것을 가져오라고 한다. 예수님의 가르침과는 반대로 한다. 예수님의 가르침은 이 책의 '목회편'에서 설명하였다.

목회자는 열 번째 계명, 욕심부터 마음에서 쫓아내야 한다.

사도 바울처럼 욕심을 십자가에 못 박아 버려야 죄를 짓지 않는다.

(갈 5:24) "그리스도 예수의 사람들은 육체와 함께 그 정욕과 탐심을 십자가에 못 박았느니라"

유혹의 욕심을 벗어버리고 새사람이 되어야 한다.

(엡 4:22-24) "[22] 너희는 유혹의 욕심을 따라 썩어져 가는 구습을 따르는 옛 사람을 벗어 버리고 [23] 오직 너희의 심령이 새롭게 되어 [24] 하나님을 따라 의와 진리의 거룩함으로 지으심을 받은 새 사람을 입으라"

매일 기도로 욕심을 죽이는 기도를 드려야 한다.

(약 1:15) "욕심이 잉태한즉 죄를 낳고 죄가 장성한즉 사망을 낳느니라"

이렇게 죄의 시작인 '탐심'을 물리칠 줄 알아야 죄를 덜 짓는다.

탐심은 성령 하나님께서 주시는 생각이 아니라 마귀가 주는 것이다.

(요 8:44) "너희는 너희 아비 마귀에게서 났으니 너희 아비의 욕심대로 너희도 행하고자 하느니라 그는 처음부터 살인한 자요 진리가 그 속에 없으므로 진리에 서지 못하고 거짓을 말할 때마다 제 것으로 말하나니 이는 그가 거짓말쟁이요 거짓의 아비가 되었음이라"

모든 죄는 탐심에서 시작된다. 그러므로 탐심을 이기는 것이 마귀를 이기는 것이다. 탐심을 이기려면 기도로 물리쳐야 한다. 그리고 예수님의 가르침대로 살아야 한다.

· 낮아져라.
· 온유하고 겸손하라.
· 섬기는 자가 되어라.
· 주는 자가 되어라.
· 대접하라.
· 거저 받았으니 거저 주라.
· 선생이 되지 말라.
· 모세의 자리에 앉지 말라.

·자기가 받지 말고 모든 영광은 하나님께 돌려라.
　예수님의 가르침대로 탐심을 부리지 않고 살면 하나님이 함께하시고 도와주시지만, 탐심의 죄를 짓는 사람에게는 함께하지도 않으시고 도와주지도 않으신다.

제9계명 / 거짓말을 한 죄(속인 죄)
　(출 20:16) "네 이웃에 대하여 거짓 증거하지 말라"
　거짓말한 것이 판명되면 행한 대로 갚아 주라고 하신다.
　(신 19:18-19) "[18] 재판장은 자세히 조사하여 그 증인이 거짓 증거하여 그 형제를 거짓으로 모함한 것이 판명되면 [19] 그가 그의 형제에게 행하려고 꾀한 그대로 그에게 행하여 너희 중에서 악을 제하라"
　거짓말하는 사람들은 자신이 거짓말을 하는 줄 모른다.
　양심이 그렇게 되어 있기 때문이다.
　오랫동안 그렇게 살아왔기 때문이다.
　거짓말 잘하는 사람은 주변 사람에게 물어보라. 자신이 약속을 잘 지키는지 안 지키는지. 약속을 지키지 않는 사람은 거짓말을 하는 사람이다.
　욕심이 많은 사람은 욕심을 이루기 위해서 거짓말을 한다. 그러므로 욕심을 다스리지 못하면 더 큰 죄를 짓는다.
　사람의 양심은 각자 다르다. 양심이 화인 맞은 사람은 자신이 잘못하고 있는 것을 모른다. 그래서 계속 거짓말로 사람을 속이고 자기 이익을 챙긴다. 화인 맞은 양심은 회개가 안 된다. 그리고 죗값으로 저주받아 지옥 간다.
　(딤전 4:2) "자기 양심이 화인을 맞아서 외식함으로 거짓말하는 자들이라"
　많은 사람이 자신이 잘못되었다는 것을 모른다. 그래서 회개하지 못하고 지옥 간다. 욕심이 많은 사람, 거짓말하는 사람, 이기적인 사람, 교만한 사람은 매일 죄를 짓고 산다.

제8계명 / 하나님의 것을 도둑질한 죄

(출 20:15) "도둑질하지 말라"

십일조 도둑질, 교회 헌금 도둑질.

십일조 도둑은 소도이고 헌금 도둑은 대도이다. 교회 건물을 자기 것으로 만든 사람은 더 큰 대도이다. 모두 하나님께 저주받는다.

대도는 하나님께 버림받는다. 그 예가 가룟 유다이다. 유다는 예수님의 제자로서 돈주머니를 맡았다. 이렇게 예수님이 자기를 믿고 맡겼으면 감사하게 생각하고 정확하게 사용했어야 했다. 그러나 탐심이 들어가 돈주머니에서 돈을 조금씩 가져갔다. 예수님은 알고도 말씀하지 않으셨다. 회개하기를 기다리신 것이다. 그러나 끝까지 회개하지 않았다. 그 결과 자살하여 지옥 갔고, 제자의 명단에서도 제외되었다.

하나님 두려운 줄 모르고 하나님의 것을 도둑질해 가는 사람은 불쌍한 사람이다. 하나님의 큰 심판이 따른다. 그러니 하나님이 도와주실 리가 없다.

제7계명 / 간음한 죄

(출 20:14) "간음하지 말라"

사람들이 많이 짓는 죄가 간음죄다. 기독교인들도 많이 짓는다. 간음죄도 욕심에서 시작된다. 하나님이 주신 것으로 만족하지 못하고 다른 사람을 자기 것으로 삼으려고 하는 죄이기 때문이다. 어떤 사람은 여러 사람을 간음한 사람도 있다. 모두 큰 죄를 지은 것이다.

간음죄의 값도 사형이다.

(레 20:10) "누구든지 남의 아내와 간음하는 자 곧 그의 이웃의 아내와 간음하는 자는 그 간부와 음부를 반드시 죽일지니라"

예수님은 간음죄도 마음에서부터 시작한다고 말씀하신다.

(마 15:19) "마음에서 나오는 것은 악한 생각과 살인과 간음과 음란과 도

둑질과 거짓 증언과 비방이니"

예수님은 이성을 보고 음욕을 품은 자는 이미 간음하였다고 말씀하신다.

(마 5:28) "나는 너희에게 이르노니 음욕을 품고 여자를 보는 자마다 마음에 이미 간음하였느니라"

교회 안에서 이런 죄를 지은 사람은 다윗과 같이 참된 회개를 하지 않으면 하나님이 함께하지 않으신다.

제6계명 / 살인한 죄

(출 20:13) "살인하지 말라"

살인도 자기 욕심대로 하려고 짓는 죄다. 그래서 고의로 살인한 사람은 죽이라고 하셨다.

(민 35:31) "고의로 살인죄를 범한 살인자는 생명의 속전을 받지 말고 반드시 죽일 것이며"

예수님은 형제를 마음으로 미워하는 자는 살인하는 자라고 말씀하신다. 그러므로 형제를 미워하면 죄를 짓는 것이 되고, 죗값을 받아야 한다.

(요일 3:15) "그 형제를 미워하는 자마다 살인하는 자니 살인하는 자마다 영생이 그 속에 거하지 아니하는 것을 너희가 아는 바라"

기독교인들이 형제를 미워하는 죄를 많이 짓고 있다. 그래서 교인들끼리 다투고 미워하고 인사도 안 한다. 파당을 만들고 시험들어 교회를 떠나는 사람도 있다. 목회자도 끝까지 자기 마음에 안 드는 사람을 미워한다. 그러면서 자기 죄는 용서해 달라고 기도한다. 그러나 형제를 미워하는 사람은 자신의 죄도 용서받지 못한다. 그러므로 남을 미워하는 사람은 자신의 죄도 용서받지 못하니 하나님이 함께하지 않으신다.

(마 6:14-15) "[14] 너희가 사람의 잘못을 용서하면 너희 하늘 아버지께서도 너희 잘못을 용서하시려니와 [15] 너희가 사람의 잘못을 용서하지

아니하면 너희 아버지께서도 너희 잘못을 용서하지 아니하시리라"
목회자가 사람을 용서 안 하면 예수님의 말씀을 거역하는 것이다.

제5계명 / 부모를 공경하지 않은 죄
(신 5:16) "너는 네 하나님 여호와께서 명령한 대로 네 부모를 공경하라 그리하면 네 하나님 여호와가 네게 준 땅에서 네 생명이 길고 복을 누리리라"

하나님은 부모를 공경하라고 말씀하셨는데 목회한다고 부모를 공경하지 않으면 죄가 된다. 그래서 5계명의 말씀대로 몸이 아프고 수명이 짧고, 땅에서 복을 받지 못하니 목회가 안 되어 고생하는 사람도 있다. 하나님의 말씀은 언제나 살아 있는 말씀이다.

예수님께서 전통을 지킨다고 부모를 공경하지 않는 사람에게 교훈하시는 말씀이다.

(마 15:3-10) "[3] 대답하여 이르시되 너희는 어찌하여 너희의 전통으로 하나님의 계명을 범하느냐 [4] 하나님이 이르셨으되 네 부모를 공경하라 하시고 또 아버지나 어머니를 비방하는 자는 반드시 죽임을 당하리라 하셨거늘 [5] 너희는 이르되 누구든지 아버지에게나 어머니에게 말하기를 내가 드려 유익하게 할 것이 하나님께 드림이 되었다고 하기만 하면 [6] 그 부모를 공경할 것이 없다 하여 너희의 전통으로 하나님의 말씀을 폐하는도다 [7] 외식하는 자들아 이사야가 너희에 관하여 잘 예언하였도다 일렀으되 [8] 이 백성이 입술로는 나를 공경하되 마음은 내게서 멀도다 [9] 사람의 계명으로 교훈을 삼아 가르치니 나를 헛되이 경배하는도다 하였느니라 하시고 [10] 무리를 불러 이르시되 듣고 깨달으라"

예수님께서는 계명을 지키지 않고 사람의 교훈을 가르치는 자는 하나님을 헛되이 경배하는 것이라고 말씀하신다. 하나님은 이런 죄인과 함께하지 않으신다.

기독교인은 5계명대로 부모를 공경해야 하나님께 믿음을 인정받고 복을 받는다. 그러므로 가정에서 부모에게 효를 행하도록 가르쳐야 한다.

(딤전 5:4) "만일 어떤 과부에게 자녀나 손자들이 있거든 그들로 먼저 자기 집에서 효를 행하여 부모에게 보답하기를 배우게 하라 이것이 하나님 앞에 받으실 만한 것이니라"

목회한다고 자기 가족을 돌보지 않으면 불신자보다 더 악한 자이므로 하나님께 인정받지 못한다.

(딤전 5:8) "누구든지 자기 친족 특히 자기 가족을 돌보지 아니하면 믿음을 배반한 자요 불신자보다 더 악한 자니라"

가족을 돌보지 않는 사람은 목회자로 세우지 말라고 하셨다.

이런 말씀에 걸리는 죄를 범하고 있다면 하나님의 도움을 받지 못한다.

(딤전 3:4-5) "[4] 자기 집을 잘 다스려 자녀들로 모든 공손함으로 복종하게 하는 자라야 할지며 [5] (사람이 자기 집을 다스릴 줄 알지 못하면 어찌 하나님의 교회를 돌보리요)"

제4계명 / 안식일을 거룩하게 지키지 않은 죄

(출 20:8-11) "[8] 안식일을 기억하여 거룩하게 지키라 [9] 엿새 동안은 힘써 네 모든 일을 행할 것이나 [10] 일곱째 날은 네 하나님 여호와의 안식일인즉 너나 네 아들이나 네 딸이나 네 남종이나 네 여종이나 네 가축이나 네 문안에 머무는 객이라도 아무 일도 하지 말라 [11] 이는 엿새 동안에 나 여호와가 하늘과 땅과 바다와 그 가운데 모든 것을 만들고 일곱째 날에 쉬었음이라 그러므로 나 여호와가 안식일을 복되게 하여 그 날을 거룩하게 하였느니라"

구약의 안식일이 없어지고 신약에서는 주일을 안식일처럼 지킨다. 이것 때문에 논쟁이 많다. 토요일을 지켜야 하느냐, 주일을 지켜야 하느냐?

논쟁만 할 것이 아니라 두 날 중의 하나는 안식 규정에 있는 것으로 지켜야 한다. 개신교는 초대교회가 주일을 안식일처럼 지켰으므로 우리도 따라서 하는 것이 옳다고 본다. 아니면 유대교와 제칠일 안식교처럼 토요일을 지켜야 한다. 그것을 지킬 수 없다면 예수님의 부활을 기념하고 사도들이 지킨 주일을 안식 규정으로 지켜야 한다.

간증)

나도 이 문제로 고민하면서 여러 고전과 신학자들의 책을 읽고 연구했다. 그러나 명확한 답은 없었다. 결론을 얻지 못하면서 고민은 커졌다. 그래서 기도하며 예수님께 여쭈어보았다. 예수님께서 "안식 후 첫날을 지키라."고 하셨다. 그래서 그 후부터 편안한 마음으로 주일을 안식일 규정으로 지키고 있다. 하나님은 언제나 함께해 주셨다.

요즘은 주일을 온전하게 지키는 교회나 성도를 보기 드물다. 왜 이렇게 되었을까?

성령 하나님께서 목회자들에게 주일을 안 지켜도 된다고 영감을 주신 것일까?

아니면 마귀가 목회자들의 마음에 주일을 안 지켜도 된다는 생각을 집어넣었을까?

하나님 앞에 섰을 때 누가 잘했다고 인정받을까?

세속을 따르지 않고 주일을 성수하는 사람과 주일을 어기는 사람을 비교할 때 어떤 사람과 하나님이 함께해 주실까?

하나님은 주일을 안식일처럼 지키는 사람과 함께하신다.

주일날 예배만 드리고 식당에 가서 식사하고 커피숍에 가서 커피 마시고 필요한 물건도 사고 여행도 가고 장례식 발인도 하고, 주일에 결혼식도 하고 주일에 임직식도 하는 사람과 하나님은 함께하지 않으신다.

주일은 오직 하나님을 경배하는 일과 하나님의 일을 위해서만 사용하고, 자기의 일이나 돈을 벌기 위한 일이나 자기 영광을 위한 일로 사용하면 안 된다. 주일날 100억짜리 계약이 있어도 단호히 거절할 때, 그 사람은 100억보다 하나님을 더 소중하게 여기고 사랑하는 것이다.

예수님이 말씀하신 가장 크고 첫째 되는 계명을 지키는 일은, 마음을 다하고 목숨을 다하고 힘을 다하고 뜻을 다하여 지켜야 한다. 이것이 하나님 사랑이다. 이것을 못 하는 사람은 큰 죄를 짓는 것이고 그러므로 하나님이 함께하지 않으신다.

(막 12:30) "네 마음을 다하고 목숨을 다하고 뜻을 다하고 힘을 다하여 주 너의 하나님을 사랑하라 하신 것이요"

(요 14:15) "너희가 나를 사랑하면 나의 계명을 지키리라"

(요 14:21) "나의 계명을 지키는 자라야 나를 사랑하는 자니 나를 사랑하는 자는 내 아버지께 사랑을 받을 것이요 나도 그를 사랑하여 그에게 나를 나타내리라"

(요 14:23-24) "[23] 예수께서 대답하여 이르시되 사람이 나를 사랑하면 내 말을 지키리니 내 아버지께서 그를 사랑하실 것이요 우리가 그에게 가서 거처를 그와 함께 하리라 [24] 나를 사랑하지 아니하는 자는 내 말을 지키지 아니하나니 너희가 듣는 말은 내 말이 아니요 나를 보내신 아버지의 말씀이니라"

(잠 13:13) "말씀을 멸시하는 자는 자기에게 패망을 이루고 계명을 두려워하는 자는 상을 받느니라"

(라 9:10) "우리 하나님이여 이렇게 하신 후에도 우리가 주의 계명을 저버렸사오니 이제 무슨 말씀을 하오리이까"

(시 119:98) "주의 계명들이 항상 나와 함께 하므로 그것들이 나를 원수보다 지혜롭게 하나이다"

주일을 범하는 죄를 짓는 사람은 하나님께서 그를 세속적인 사람으로 여기고 그 믿음을 인정하지 않으신다. 그러므로 잘 생각해 보고 결정해야 할 것이다.

제3계명 / 하나님의 이름을 망령되게 한 죄와 모독한 죄
(출 20:7) "너는 네 하나님 여호와의 이름을 망령되게 부르지 말라 여호와는 그의 이름을 망령되게 부르는 자를 죄 없다 하지 아니하리라"
여호와의 이름을 망령되게 부르는 죄가 무엇인가?

이스라엘이 여리고를 점령했을 때 아간이 행한 일이 하나님의 이름을 망령되게 한 죄다.
(수 7:15) "온전히 바친 물건을 가진 자로 뽑힌 자를 불사르되 그와 그의 모든 소유를 그리하라 이는 여호와의 언약을 어기고 이스라엘 가운데에서 망령된 일을 행하였음이라 하셨다 하라"
그 죗값으로 아간의 가족이 죽었다.
(수 7:24-26) "[24] 여호수아가 이스라엘 모든 사람과 더불어 세라의 아들 아간을 잡고 그 은과 그 외투와 그 금덩이와 그의 아들들과 그의 딸들과 그의 소들과 그의 나귀들과 그의 양들과 그의 장막과 그에게 속한 모든 것을 이끌고 아골 골짜기로 가서 [25] 여호수아가 이르되 네가 어찌하여 우리를 괴롭게 하였느냐 여호와께서 오늘 너를 괴롭게 하시리라 하니 온 이스라엘이 그를 돌로 치고 물건들도 돌로 치고 불사르고 [26] 그 위에 돌 무더기를 크게 쌓았더니 오늘까지 있더라 여호와께서 그의 맹렬한 진노를 그치시니 그러므로 그 곳 이름을 오늘까지 아골 골짜기라 부르더라"

블레셋과의 전투에서 사울 왕은 제사장만이 할 수 있는 제사 의식인 번제를 드렸다. 하나님의 법도를 어기고 자기 생각대로 했던 이 일이 하나님의 이름을 망령되게 한 일이다.
(삼상 13:13-14) "[13] 사무엘이 사울에게 이르되 왕이 망령되이 행하였도다 왕이 왕의 하나님 여호와께서 왕에게 내리신 명령을 지키지 아니하였도다 그리하였더라면 여호와께서 이스라엘 위에 왕의 나라를 영원히

세우셨을 것이거늘 [14] 지금은 왕의 나라가 길지 못할 것이라 여호와께서 왕에게 명령하신 바를 왕이 지키지 아니하였으므로 여호와께서 그의 마음에 맞는 사람을 구하여 여호와께서 그를 그의 백성의 지도자로 삼으셨느니라 하고"

하나님의 백성은 하나님을 믿고 의지하고 계명을 지켜야 하는데, 아하스 왕이 우상을 섬긴 것이 하나님의 이름을 망령되게 한 죄다.
(대하 28:1,2,19) "[1] 아하스가 왕위에 오를 때에 나이가 이십 세라 예루살렘에서 십육 년 동안 다스렸으나 그의 조상 다윗과 같지 아니하여 여호와 보시기에 정직하게 행하지 아니하고 [2] 이스라엘 왕들의 길로 행하여 바알들의 우상을 부어 만들고
[19] 이는 이스라엘 왕 아하스가 유다에서 망령되이 행하여 여호와께 크게 범죄하였으므로 여호와께서 유다를 낮추심이라"

하나님의 백성이 하나님의 말씀을 망령되이 사용하면 중벌이 된다.
(렘 23:36) "다시는 여호와의 엄중한 말씀이라 말하지 말라 각 사람의 말이 자기에게 중벌이 되리니 이는 너희가 살아 계신 하나님, 만군의 여호와 우리 하나님의 말씀을 망령되이 사용함이니라 하고"

하나님의 이름을 모독하는 말과 행위도 하나님의 이름을 망령되게 한 죄이다.
(레 24:16) "여호와의 이름을 모독하면 그를 반드시 죽일지니 온 회중이 돌로 그를 칠 것이니라 거류민이든지 본토인이든지 여호와의 이름을 모독하면 그를 죽일지니라"
(롬 2:24) "기록된 바와 같이 하나님의 이름이 너희 때문에 이방인 중에서 모독을 받는도다"

신약에서는 성령 하나님을 모독하는 것도 하나님을 망령되게 하는 죄라고 말씀하신다.

(마 12:31) "그러므로 내가 너희에게 이르노니 사람에 대한 모든 죄와 모독은 사하심을 얻되 성령을 모독하는 것은 사하심을 얻지 못하겠고"

(막 3:29) "누구든지 성령을 모독하는 자는 영원히 사하심을 얻지 못하고 영원한 죄가 되느니라 하시니"

(눅 12:10) "누구든지 말로 인자를 거역하면 사하심을 받으려니와 성령을 모독하는 자는 사하심을 받지 못하리라"

제2계명 / 우상을 만들거나 절하고 섬기고 숭배한 죄

(출 20:4-6) "[4] 너를 위하여 새긴 우상을 만들지 말고 또 위로 하늘에 있는 것이나 아래로 땅에 있는 것이나 땅 아래 물 속에 있는 것의 어떤 형상도 만들지 말며 [5] 그것들에게 절하지 말며 그것들을 섬기지 말라 나 네 하나님 여호와는 질투하는 하나님인즉 나를 미워하는 자의 죄를 갚되 아버지로부터 아들에게로 삼사 대까지 이르게 하거니와 [6] 나를 사랑하고 내 계명을 지키는 자에게는 천 대까지 은혜를 베푸느니라"

현대인의 우상은 무엇인가?

돈, 권력, 회사, 직위, 향락, 사랑하는 사람, 부모, 자녀, 외모, 자신 등 하나님보다 더 중요하게 생각하는 것들이 우상이다.

특히 목회자가 교회에서 자신을 우상처럼 떠받들게 하는 죄.

목회자는 특별한 하나님의 사자라고 하며 우상시한다. 목회자의 말을 듣지 않으면 저주받는다고 하고, 목회자에게 잘해야 모든 문제가 해결된다고 하고, 목회자를 물질로 섬기라 하고, 목회자에게 기도 받을 때 돈을 가지고 오라 하고, 목회자는 하나님이 특별히 사용하는 사람이라고 하며 높이고 박수받고 영광을 받는다. 이 모두가 우상시하는 죄다.

제1계명 / 다른 신을 둔 죄
(출 20:3) "너는 나 외에는 다른 신들을 네게 두지 말라"

「현대인의 신들」
- 기독교 외 다른 종교.
- 이단들의 교주, 왕이나 황제가 자신을 신이라고 함.
- 운동, 음악 등 특별한 분야에서 재능이 있는 사람을 '00의 신'이라고 호칭함.
- 스스로 신의 위치에 올라가 경배를 받는 사람.
- 교만하여 자신을 신이라고 하는 사람.
- 악령의 계시를 받아 자신을 신이라고 하는 사람.
- 목회자가 영의 아버지, 영의 어머니라고 하는 사람.
- 목회자를 신처럼 섬기게 하는 사람.
- 목회자의 말을 하나님의 말씀같이 여기라고 하는 사람.
- 또 너무 무지하여 신의 대접을 받는 것이 무엇인지 모르고 남이 하니까 따라 하는 사람.

목회자들이 스스로 '영의 아버지'라고 교인들에게 교육하는 사람이 있다. 이것은 신성모독이다. 영의 아버지는 창조자 하나님 한 분이신데 자신을 영의 아버지라고 교육하니 천벌을 받을 죄다.

그리고 예배는 하나님을 경배하는 일인데 하나님만이 받으셔야 할 존귀와 영광을 사람이 받고 있다. 예배 시간에 순서를 맡은 목회자를 소개할 때나 설교자, 성가대, 특송자, 특정 인물을 소개할 때도 칭찬하면서 박수를 보내게 한다. 시작은 하나님에게 예배드린다고 말하면서 진행하는 순서에는 사람이 존경받고 영광받는 것으로 가득 차 있다.

예) 입당 예배와 임직식

어떤 교회의 입당 예배와 임직식에 참석하였다. 그런데 사회자가 순서에 따라 나오는 사람들을 극찬하며 손뼉을 치게 하였다. 내가 볼 때 그중에는 성도에게 사기를 친 목사도 있었고, 교회의 헌금을 횡령한 자도 있었고, 사람들에게 지탄받는 사람도 있었다.

그리고 교회 행사인데 박사 가운을 입고 와서 앉아있었다. 교회 행사에는 목사 가운을 입어야 한다. 박사라고 과시하고 싶었던 모양이다. 이런 입당 예배와 임직식을 하나님께서 받으실까? 안 받으실 것 같았다.

목회자는 예수님처럼 낮아지고 겸손해야 한다. 우리는 목회자이지만 신앙생활을 하면서 마음과 생각으로 죄를 짓고, 눈과 손과 발도 죄를 짓는다. 하나님이 심판하지 않으시고 현재 사용해 주시는 것만으로도 감사해야 한다. 그런데 칭송과 박수를, 그것도 하나님을 경배하는 예배 시간에 받는다는 것은 큰 죄고 마귀가 좋아하는 변질된 예배라고 생각한다. 예배 시간에 강단에 앉아 신처럼 칭송과 경배받는 것을 좋아하는 목회자는 큰 죄를 짓고 있다. 그리고 하나님이 함께하지도 않으신다.

목회자는 항상 '이 시간에 죄인 중에 괴수인 나를 버리지 않으시고 써 주시는 것을 진심으로 감사드립니다.' 하는 마음으로 일해야 한다.

2) 하나님을 마음과 목숨과 힘과 뜻을 다하여 사랑하지 않은 죄

(마 22:37-38) "[37] 예수께서 이르시되 네 마음을 다하고 목숨을 다하고 뜻을 다하여 주 너의 하나님을 사랑하라 하셨으니 [38] 이것이 크고 첫째 되는 계명이요"

피조물인 사람은, 하나님을 마음을 다하고 목숨을 다하고 뜻을 다하여 사랑해야 한다. 이것이 하나님을 섬기는 자가 첫 번째로 해야 할 일이다. 그런데 이렇게 사랑하는 사람이 적다.

3) 이웃을 사랑하지 않은 죄

(마 22:39-40) "[39] 둘째도 그와 같으니 네 이웃을 네 자신 같이 사랑하라 하셨으니 [40] 이 두 계명이 온 율법과 선지자의 강령이니라"

(롬 13:9) "간음하지 말라, 살인하지 말라, 도둑질하지 말라, 탐내지 말라 한 것과 그 외에 다른 계명이 있을지라도 네 이웃을 네 자신과 같이 사랑하라 하신 그 말씀 가운데 다 들었느니라"

(롬 13:10) "사랑은 이웃에게 악을 행하지 아니하나니 그러므로 사랑은 율법의 완성이니라"

이웃을 사랑한다면 최소한 이웃에게 악을 행하지 않아야 한다.

이 말씀의 뜻은 이웃에게 어떠한 피해도 주지 말라는 것이다. 목회자는 가까운 이웃인 배우자에게, 그리고 가족에게, 그리고 부모나 형제에게, 그리고 성도들에게 조그마한 피해도 주지 않는 것이 이웃 사랑이다. 오히려 그들을 사랑하는 마음으로 돕는 자가 되어야 한다. 그런데 이렇게 하는 사람이 적다. 오히려 이웃에게 악을 행하고도 모른다. 모르니 회개도 안 한다.

4) 게으른 죄

사명을 맡았으면 죽도록 충성해야 하는데 하지 않은 것이다.

(마 25:26, 28-30) "[26] 그 주인이 대답하여 이르되 악하고 게으른 종아 나는 심지 않은 데서 거두고 헤치지 않은 데서 모으는 줄로 네가 알았느냐 [28] 그에게서 그 한 달란트를 빼앗아 열 달란트 가진 자에게 주라 [29] 무릇 있는 자는 받아 풍족하게 되고 없는 자는 그 있는 것까지 빼앗기리라 [30] 이 무익한 종을 바깥 어두운 데로 내쫓으라 거기서 슬피 울며 이를 갈리라 하니라"

(렘 48:10) "여호와의 일을 게을리 하는 자는 저주를 받을 것이요 자기 칼을 금하여 피를 흘리지 아니하는 자도 저주를 받을 것이로다"

5) 그 외의 죄들
- 기도를 열심히 하여 성령세례, 성령의 은사, 성령의 열매, 성령 충만, 성령의 능력을 받아야 했는데 게을러서 안 한 죄
- 구하라 찾으라 문을 두드리라 하셨는데, 문제가 있을 때마다 기도하지 않고 사람의 방법으로 해결하려 했던 죄
- 성경을 창세기부터 요한계시록까지 열심히 연구하여 하나님의 뜻을 깨닫고 정확하게 전해야 했는데 안 한 죄
- 설교 준비를 철저하게 하고 설교 연습도 하고 설교 연구도 하여 은혜롭게 전하도록 힘써야 하는데 안 한 죄
- 목회를 모르겠으면 책을 보고 세미나 등을 다니며 공부하여 다른 사람처럼 잘해야 했는데 안 한 죄
- 전도를 열심히 배워 성도와 함께 힘써 전도해야 했는데 안 한 죄
- 지방회, 노회, 총회 등 필요 없는 모임을 다니면서 목회를 게으르게 한 죄
- 하나님의 이름을 이용하여 부귀영화를 누린 죄
- 목회는 본인이 해야 하는데 사모에게 시키고 게으르게 살아온 죄
- 목회에 시간을 보내지 않고 잠자거나 놀거나 목회가 아닌 것에 시간을 보낸 죄
- 정직하지 않은 죄
- 성실하지 않은 죄
- 충실하지 않은 죄
- 예수님을 이용하여 자기 욕심을 채운 죄
- 교만한 죄
- 하나님을 속인 죄
- 평신도의 신앙도 안 되면서 높은 데 마음을 두어 목회자가 되어 하나님 영광을 가린 죄

- 소경이 소경을 인도한 죄
- 성경을 엉터리로 가르쳐서 다른 사람을 지옥 가게 한 죄
- 가족을 돌봐야 하는 사명을 감당하지 않은 죄
- 영적 사명을 엉터리로 감당한 죄
- 자기 신앙도 하나님께 인정받지 못하는데 다른 사람을 비평하고 비난한 죄
- 예수님이 책망하신 바리새인, 사두개인, 서기관, 제사장과 같은 신앙생활을 한 죄
- 악령들려서 예언, 방언, 환상, 환청, 치유, 축사한 죄

너무 많아서 모두 기록할 수가 없다. 수백 가지 죄가 되어 모두 열거할 수가 없다. 그래서 하나님이 도와주지 않으시고 함께하지도 않으시고, 오히려 죗값으로 벌을 받거나 저주를 받는다는 것이다.

3. 기도가 부족하기 때문이다

하나님께서는 목회자에게 많은 기도를 요구하신다. 평신도보다 더 많은 기도를 하기 원하시고 하나님의 응답을 받기를 원하신다. 목회자가 기도하여 살아 계신 하나님을 만나야 하나님의 말씀이 사실인 것을 경험한다. 그래야 믿음이 커지고 굳건하게 된다. 그리고 기도를 통하여 성령의 은사와 능력을 경험해야 힘이 생기고 간증이 되어 살아 계신 하나님을 전하게 된다.

1) 기도를 많이 하여 성령 하나님을 경험하는 목회자가 많다.
그들은 성령세례, 성령의 은사, 성령의 열매를 경험하여 하나님은 어제나 오늘이나 동일하다고 설교한다. 그들의 설교를 들으면 하나님이 살아 계셔

서 누구든지 기도하면 당장이라도 들어주신다는 믿음이 생긴다.

이렇게 하나님을 기도로 매일 경험하는 목회자들의 교회는 기도가 살아 있다. 성도들도 시간만 나면 기도하려고 교회로 모인다. 그리고 응답받은 간증이 끊이지 않는다. 그래서 살아 있는 교회가 된다.

예수님의 말씀이다.

(마 21:13) "그들에게 이르시되 기록된 바 내 집은 기도하는 집이라 일컬음을 받으리라 하였거늘 너희는 강도의 소굴을 만드는도다 하시니라"

성령을 받아 기도하는 목회자의 입술에서는 하나님이 지금도 함께하셔서 기도하면 교회 문제에 응답해 주시고 개인 문제도 해결해 주신다는 간증이 쏟아진다. 이런 설교를 듣고 성도들도 도전받아 기도하는 교인이 된다.

2) 기도하지 않는 목회자는 답답한 설교를 한다.

살아 계신 하나님은 전하지 않고, 자신의 삶이 답답하고 힘드니 교리 설교를 한다.

자신이 많이 배운 사람인 것을 강조한다. 즉, 똑똑한 사람이라고 어필하는 것이다. 그래야 성도들이 무시하지 않고 자기를 따라온다고 생각한다.

그리고 다른 교회나 목회자를 비판하는 설교를 많이 한다. 자기가 옳고 다른 사람이 틀렸다고 해야 본인의 위신이 올라가고 성도가 이탈하지 않는다고 생각한다.

또 생활 설교를 하지 못한다. 본인이 말씀대로 살지 못하니 그런 설교를 했다가는 성도들이 흉볼 것을 알고 있는 것이다. 낮아져라, 섬겨라, 십자가를 지고 죽어라, 주라, 대접하라, 이웃을 사랑하라, 헌신하라, 부지런하라, 욕심을 버려라, 거짓을 버려라, 가족 관계에서 아름답게 열매를 맺어라, 성령의 능력을 받아라, 성령의 열매를 맺어라, 아름다운 열매를 맺어라 하는 등의 제목으로 설교하지 못한다.

목회자가 기도하여 자신의 문제 즉, 교회의 문제와 가정생활의 문제도 해결하지 못하는데, 성도들에게 '문제를 어떻게 해결하는가?' 하는 설교를 할 수 있겠는가?

이렇게 죽은 설교를 하므로 성도들의 영혼이 살아나지 않고 성도들도 답답한 교회생활을 하게 된다. 그리고 목회자 자신도 하나님이 함께하지 않는 생활을 하므로 목회자가 되었어도 답답한 것이다.

3) 목회자가 기도를 안 하면 죄가 된다.

기도를 쉬는 것이 죄다. 사무엘 선지자도 기도하기를 쉬는 죄를 범하지 않겠다고 말하였다.

(삼상 12:23) "나는 너희를 위하여 기도하기를 쉬는 죄를 여호와 앞에 결단코 범하지 아니하고 선하고 의로운 길을 너희에게 가르칠 것인즉"

성경은 기도하라고 명령하신다.

(눅 21:36) "이러므로 너희는 장차 올 이 모든 일을 능히 피하고 인자 앞에 서도록 항상 기도하며 깨어 있으라 하시니라"

(롬 12:12) "소망 중에 즐거워하며 환난 중에 참으며 기도에 항상 힘쓰며"

(살전 5:17) "쉬지 말고 기도하라"

쉬지 말고 기도하라고 기록되어 있는데 안 하면 죄가 되는 것이다.

기도를 안 하는 목회자가 많고, 기도하는데 잘못 구하는 자도 많다. 예수님이 가르쳐 주신 기도를 생각하며 기도하라.

4) 기도가 부족하여 하나님을 만나지 못해서다.

목회자가 기도로 성령 하나님의 역사를 경험하지 못하면 교리 설교를 하거나 예수님 믿으면 구원받는다고만 전하게 된다.

5) 평상시 성품이 게으른 사람은 기도하지 못한다.

기도하려면 간절해야 하고 인내심이 있어야 한다. 작정 철야기도, 금식기도 등 많은 노력이 필요하다. 게으른 사람은 기도하지 못한다.

6) 마귀에게 져서 기도하지 못했기 때문이다.

마귀는 목회자가 기도하지 못하도록 막는다. 기도하여 성령 하나님을 만나면 많은 영혼을 살리는 사람이 되기 때문이다. 그것을 막기 위하여 기도하지 못하게 방해한다. 이것도 모르고 기도가 힘들다고 안 하고 기도해도 응답이 없다고 안 한다. 스스로 죽음의 길로 가고 있는 것이다.

7) 죄를 짓고 살면 기도하지 못한다.

목회자가 앞에서 열거한 죄를 짓고 살면 기도해도 응답하지 않으신다. 그리고 죄를 범하면 기도가 안 나온다. 그래서 더 기도하지 못한다. 이런 문제를 빨리 해결하지 못하면 구원받지 못하는 사람이 된다.

8) 해결하는 방법

가장 빠른 방법이 금식기도다. 장기간의 금식기도보다 단기간의 회개 금식기도를 해야 한다. 자신의 머릿속에 떠오르는 죄를 회개하는 금식기도를 해야 한다. 하나님이 용서해 주실 때까지 여러 번 해야 한다. 3일씩 여러 번 하는 것을 추천한다.

죄를 용서받으면 하나님이 꿈이나 이상으로 응답해 주시든지 아니면 감각으로 알게 하신다. 감각은 자신의 영이 회복된 것을 느끼며 기도가 잘되어지고, 기쁨과 감사가 마음속에서 넘친다. 그리고 처음 은혜받았던 때와 같이 하나님 믿는 것이 행복해진다. 마음도 평안하고 시원하고 성경말씀도 많이 깨달아지고 응답도 많아진다.

이렇게 하나님이 함께하시는 것을 느끼면 성도들의 영이 살아난다. 교회도 깊은 잠에서 깨어나듯이 기도하는 사람이 많아지고 살아서 움직이는 것을 느끼게 된다.

금식기도를 못하는 분은 매일 저녁 9시부터 교회 강단에서 기도하고 자기를 권한다. 가능한 사모와 같이 하는 것을 권한다. 왜냐하면 사모 때문에 교회가 안 되는 일들도 많고 시험드는 일도 많고 사모의 죄 때문에 교회가 망하는 것도 많다.

오후 9시부터 12시까지는 회개기도와 자신의 부족한 부분을 놓고 기도한다. 목사님은 강단에서, 사모님은 아래 장의자에서 찬송하고 기도하면 된다. 아니면 강단 아래에 장판 깔아놓고 목회자와 사모가 같이 찬송하고 기도하기를 반복하며 12시까지 하면 된다.

12시부터는 잠을 자고, 5시에 새벽기도를 인도하여 30분 안에 마치고, 성도의 이름을 불러가며 한 시간 정도는 기도해야 한다. 새벽기도 끝나자마자 들어가면 성도들도 따라서 기도하지 않고 나간다. 그러므로 목회자는 기도도 본이 되도록 한 시간 정도 한다.

이렇게 하면 영성도 회복되고 하나님도 기뻐하셔서 교회 문제와 목회자의 가정 문제를 해결해 주신다. 이것을 교인들이 생활 속에서 보고 믿고 따르게 된다.

아무것도 안 하면 아무것도 없다. 하나님의 법칙이다. 구하는 자는 받는다. 구하지 않는 자는 받지 못한다. 마음에 새겨야 한다.

(마 7:7-8) "[7] 구하라 그리하면 너희에게 주실 것이요 찾으라 그리하면 찾아낼 것이요 문을 두드리라 그리하면 너희에게 열릴 것이니 [8] 구하는 이마다 받을 것이요 찾는 이는 찾아낼 것이요 두드리는 이에게는 열릴 것이니라"

이 말씀이 자기에게 이루어져야 하나님의 말씀이 살아 있는 말씀인 것을 확신하게 된다.

(약 4:2) "너희는 욕심을 내어도 얻지 못하여 살인하며 시기하여도 능히 취하지 못하므로 다투고 싸우는도다 너희가 얻지 못함은 구하지 아니하기 때문이요"

기도 안 하는 목회자는 이 말씀대로 아무것도 얻지 못한다.

4. 마귀를 이기지 못했기 때문이다

기독교인 중에서 마귀의 정체를 모르는 사람이 너무 많다. 어떤 목회자는 마귀, 악령, 미혹의 영, 귀신 이야기만 나오면 과민 반응을 일으키는 사람도 있다. 성경에 있는 이야기를 하는데도 자기 지식으로 성경말씀을 무시하고 덮어 버린다. 그리고 마귀나 귀신 이야기를 하는 사람을 잘못된 사람이거나 이단으로 정죄해 버린다. 안타깝고 불쌍한 사람이다. 그 속에 무엇이 들어서 그런지 생각해 보아야 한다. 이 책을 읽으면 알게 될 것이다.

마귀는 하나님의 일을 방해하는 일을 한다. 목회자가 복음을 전하는 일, 전도하는 일, 기도하는 일, 치유기도를 하는 일, 귀신을 추방하는 일, 하나님께 충성하는 일, 헌신하는 일, 교회 평신도 사역자를 양육하고 훈련하는 일, 하나님을 사랑하는 일, 이웃을 사랑하는 일 등을 못 하게 한다. 이것이 마귀의 정체다.

그래서 예수님은 사람들 속에 있는, 마귀의 부하인 귀신의 정체를 드러내어 보여 주시고 쫓아내셨다. 즉, 본을 보이신 것이다. 그리고 제자들에게 똑같이 하라고 지시하시고 전도할 때 훈련시키셨다.

예수님의 공생애 사역은 귀신의 정체를 드러내어 쫓아내는 사역이었고,

병자를 치료하는 사역이었고, 천국 복음을 전하는 사역이었다.

(마 4:24) "그의 소문이 온 수리아에 퍼진지라 사람들이 모든 앓는 자 곧 각종 병에 걸려서 고통 당하는 자, 귀신 들린 자, 간질하는 자, 중풍병자들을 데려오니 그들을 고치시더라"

(눅 8:2) "또한 악귀를 쫓아내심과 병 고침을 받은 어떤 여자들 곧 일곱 귀신이 나간 자 막달라인이라 하는 마리아와"

이 사역은 사복음서에 많이 기록되어 있다. 그리고 제자들에게도 하라고 지시하셨다.

(마 10:1) "예수께서 그의 열두 제자를 부르사 더러운 귀신을 쫓아내며 모든 병과 모든 약한 것을 고치는 권능을 주시니라"

(마 10:8) "병든 자를 고치며 죽은 자를 살리며 나병환자를 깨끗하게 하며 귀신을 쫓아내되 너희가 거저 받았으니 거저 주라"

그런데 이런 사역은 초대교회에서 끝났고, 지금은 성령의 조명시대라서 그런 일은 없다고 말한다.

과연 그럴까? 그렇다면 귀신을 쫓아내고 병자를 치료하는 목회자들은 모두 잘못되었다는 것인데, 이런 주장이 틀렸다면?

이렇게 주장하는 목회자가 잘못된 것이거나 귀신들렸거나 성령 받지 못한 것이다. 자신에게 예수님의 제자들처럼 귀신을 쫓아내는 능력이 나타나면 절대로 잘못된 주장을 하지 않을 것이다. 그러므로 목회자는 기도를 많이 하여 성령 충만하고 능력을 받아야 한다.

목회자는 성도보다 몇 배로 마귀의 방해를 받고 있다. 큰 교회 목사일수록 마귀가 더 많이 노리고 방해한다. 그래야 목회자가 변질되어 하나님의 일을 못 하고 저주받는다는 것을 알고 하는 짓이다. 그러므로 목회자는 하나님 나라에 들어갈 때까지 조심해야 한다. 그리고 매일 기도로 마귀를 대적하여 물리치고 이겨야 한다. 방심하고 안심하다가 당한다.

　목회자가 마귀에게 져서 마귀의 교회로 변질된 경우가 많다. 또 처음부터 마귀에게 져서 성장하지 못하는 교회도 많다. 대형교회도 마귀에게 속아서 변질되어 마귀가 지배하는 교회가 된다. 마귀의 방해를 이기지 못했기 때문이다.

　마귀는 정직하고 성실한 목회자를 싫어한다. 그리고 기도하는 목회자도 싫어한다. 그래서 신학생 때나 부교역자 때나 담임목사가 되었을 때도 계속 기도하지 못하게 하고 정직하고 성실하지 못하게 방해한다.

　많은 목회자가 마귀의 정체를 모른다. 신학교에서 배운 신학적인 것만 알지 마귀의 방해를 받고 있으면서도 전혀 모르고 마귀가 시키는 대로 하고 있다. 마귀에 대해 모르면서도 마귀에 대해 배우려고도 하지 않고, 물리치는 것도 모른다. 대적기도를 하라고 하면 이상하게 생각하기도 한다.

　날마다 마귀에게 속아 살면서도 모르고, 하나님의 도우심으로 목회하려고 하지 않고 인간의 방법으로만 하려고 하고, 여러 가지 인본주의 방법만 찾고 있다.

　자신이 영적으로 마귀에게 져서 목회가 안 된다는 생각을 하지도 못한다. 그러니 어떻게 마귀를 이기고 승리의 사람이 되겠는가?

　결국은 세상적인 방법, 인간적인 방법, 하나님이 좋아하지 않는 방법으로 목회하려다가 실패하여 낙심하고 괴로운 나날을 보낸다.

예) 부흥이 안 되는 교회는 마귀가 지배하고 있다.

　교회 개척 장소를 구하러 다니는 중에, 어떤 교회가 매물로 나왔다는 부동산의 소개를 받고 주일날 그 교회에 가서 예배를 드렸다. 그런데 예배 도중에 보니 강단에 킹콩만한 마귀가 앉아있었다. 그래서 "하나님, 저것은 무엇인가요?"라고 여쭈었더니, "이 교회 목사가 기도하지 않아서 마귀가 교회 강단을 점령하고 있고, 목사는 마귀에게 져서 아무것도 못 한다. 이 교회는 아무것도 되지 않고 저 종은 마귀의 종노릇을 하고 있다."라고 말씀하셨다.

　그리고 장의자의 빈자리에 아이만한 귀신들이 앉아있기도 하고 의자 밑에도 있었다. 그래서 또 여쭈었다. 하나님께서는 "교인들도 기도를 안 하여 귀신들이 교회에 가득하다. 그들은 교회를 다녀도 은혜를 받지 못하여 불신자처럼 살고, 불안하고 시험들어 넘어지고, 가정도 불행하고 사업도 안 된다. 그런데도 깨닫지 못하고 기도하지 않고 교회만 다니고 있다."라고 하셨다.

　나는 이것을 통해 교회에 기도가 매우 중요하다는 것을 배웠다. 그리고 예수님이 (막 11:17) "이에 가르쳐 이르시되 기록된 바 내 집은 만민이 기도하는 집이라 칭함을 받으리라고 하지 아니하였느냐 너희는 강도의 소굴을 만들었도다 하시매"라는 말씀의 뜻을 이해하였다.

　교회는 기도하는 집이 되어야 한다. 그래야 성령도 받고 은사도 받고 응답도 받고 마귀도 이긴다. 그러므로 목사와 성도가 교회 나와서 열심히 기도해야 마귀가 도망가고 성령 하나님이 역사하시는 하나님의 집이 된다. 그러면 영혼을 살리는 곳이 되는 것이다.

　기도하지 않는 목사가 있는 교회는 마귀가 왕노릇한다. 그러면 무엇을 해도 안 된다는 것을 알아야 한다.

5. 하나님이 안 도우시는 이유는 선택받지 못했기 때문이다

　하나님의 종으로 선택받지 못한 사람이 있다. 그런데 단지 신학교를 졸업했다고 자신이 하나님의 종이라고 말하는 남자와 여자들이 있다.

　자기 생각으로 하나님의 종이 된 것이다. 하나님은 부르지도 않으셨고 함께하지도 않으신다. 유기된 것이다. 그런데 본인은 전혀 모른다.

구약에서 벧엘에 세워졌던 제사장들이다.
(왕상 13:33-34) "[33] 여로보암이 이 일 후에도 그의 악한 길에서 떠나 돌이키지 아니하고 다시 일반 백성을 산당의 제사장으로 삼되 누구든지 자원하면 그 사람을 산당의 제사장으로 삼았으므로 [34] 이 일이 여로보암 집에 죄가 되어 그 집이 땅 위에서 끊어져 멸망하게 되니라"
하나님께서는 레위인 아무나가 아니라 레위인 중에서도 아론의 자손만 제사장이 되도록 하셨다. 그런데 여로보암 왕이 벧엘에서 아무나 제사장으로 임명하여 제사를 드리게 하였다. 이들은 모두 하나님이 인정하지 않은 제사장들이다. 그들은 제사장을 함으로써 더 큰 죄를 지었기 때문에 버림받은 것이다. 그냥 이스라엘 백성으로 살았으면 하나님을 믿고 구원받았을 것인데, 하나님이 허락하지 않은 제사장이 된 것이 큰 죄가 되어 버림받고 영벌을 받게 된 것이다.

신약의 제사장과 서기관과 바리새인이다.
(눅 8:10) "이르시되 하나님 나라의 비밀을 아는 것이 너희에게는 허락되었으나 다른 사람에게는 비유로 하나니 이는 그들로 보아도 보지 못하고 들어도 깨닫지 못하게 하려 함이라"
하나님을 믿는 사람 중에는 청함은 받았으나 택함을 받지 못한 사람이 있다.
(마 22:14) "청함을 받은 자는 많되 택함을 입은 자는 적으니라"
이들은 하나님이 원하시는 예복을 입지 않았다. 즉, 하나님이 말씀하시는 열매를 맺지 못한 사람들이다.
예수님을 만나서 귀신이 나가고 질병이 치료되었으나, 영혼은 구원받지 못한 사람들도 많다.

현재도 마찬가지다. 교회에 나와서 귀신이 나가고 질병도 치료받았으나 영혼은 구원받지 못한 사람이 많다. 초청은 받았으나 선택받지 못하고 버림받은 자들이다. 목회자도 이러한 사람이 많다.

6. 하나님이 안 도우시는 이유는 악령들렸기 때문이다

어떤 목회자에게는 악령이 들어있다. 그들은 성령으로 착각하고 산다.
(고후 11:14) "이것은 이상한 일이 아니니라 사탄도 자기를 광명의 천사로 가장하나니"

예수님의 말씀이다. 악령 받은 사람들은 거짓 종들이다.
(마 7:15) "거짓 선지자들을 삼가라 양의 옷을 입고 너희에게 나아오나 속에는 노략질하는 이리라"
(마 24:11) "거짓 선지자가 많이 일어나 많은 사람을 미혹하겠으며"
(마 24:24) "거짓 그리스도들과 거짓 선지자들이 일어나 큰 표적과 기사를 보여 할 수만 있으면 택하신 자들도 미혹하리라"
(막 13:22) "거짓 그리스도들과 거짓 선지자들이 일어나서 이적과 기사를 행하여 할 수만 있으면 택하신 자들을 미혹하려 하리라"
(딛 1:12) "그레데인 중의 어떤 선지자가 말하되 그레데인들은 항상 거짓말쟁이며 악한 짐승이며 배만 위하는 게으름뱅이라 하니"
(벧후 2:1) "그러나 백성 가운데 또한 거짓 선지자들이 일어났었나니 이와 같이 너희 중에도 거짓 선생들이 있으리라 그들은 멸망하게 할 이단을 가만히 끌어들여 자기들을 사신 주를 부인하고 임박한 멸망을 스스로 취하는 자들이라"
(요일 4:1) "사랑하는 자들아 영을 다 믿지 말고 오직 영들이 하나님께 속하였나 분별하라 많은 거짓 선지자가 세상에 나왔음이라"
(계 16:13) "또 내가 보매 개구리 같은 세 더러운 영이 용의 입과 짐승의 입과 거짓 선지자의 입에서 나오니"
(계 19:20) "짐승이 잡히고 그 앞에서 표적을 행하던 거짓 선지자도 함께 잡혔으니 이는 짐승의 표를 받고 그의 우상에게 경배하던 자들을 표적으

로 미혹하던 자라 이 둘이 산 채로 유황불 붙는 못에 던져지고"
(계 20:10) "또 그들 을 미혹하는 마귀가 불과 유황 못에 던져지니 거기는 그 짐승과 거짓 선지자도 있어 세세토록 밤낮 괴로움을 받으리라"

악령이 지배하는 사람들을 분류해 보면,

1) 이단이다.

이단의 기준은 신론에 있어서 성부 하나님, 성자 하나님, 성령 하나님을 다르게 말하는 것이다.

하나님은 한 분이시다. 그래서 우리는 삼위일체 하나님을 믿는다. 이것과 다르게 하나님이 세 분이라고 하는 것, 자기를 재림예수라고 하는 것, 또는 성령이라고 하는 것은 신론을 거짓으로 바꾸어 속이는 것이다. 이들에게는 악령이 들어가서 그렇게 말하는 것이다.

예수님은 하나님이 한 분이라고 말씀하신다.
(막 2:7) "이 사람이 어찌 이렇게 말하는가 신성 모독이로다 오직 하나님 한 분 외에는 누가 능히 죄를 사하겠느냐"
(막 10:18) "예수께서 이르시되 네가 어찌하여 나를 선하다 일컫느냐 하나님 한 분 외에는 선한 이가 없느니라"
(막 12:32) "서기관이 이르되 선생님이여 옳소이다 하나님은 한 분이시요 그 외에 다른 이가 없다 하신 말씀이 참이니이다"
(롬 3:30) "할례자도 믿음으로 말미암아 또한 무할례자도 믿음으로 말미암아 의롭다 하실 하나님은 한 분이시니라"
(고전 8:4) "그러므로 우상의 제물을 먹는 일에 대하여는 우리가 우상은 세상에 아무 것도 아니며 또한 하나님은 한 분밖에 없는 줄 아노라"
(갈 3:20) "그 중보자는 한 편만 위한 자가 아니나 하나님은 한 분이시니라"

(엡 4:6) "하나님도 한 분이시니 곧 만유의 아버지시라 만유 위에 계시고 만유를 통일하시고 만유 가운데 계시도다"

중보자도 한 분이시다.
(딤전 2:5) "하나님은 한 분이시요 또 하나님과 사람 사이에 중보자도 한 분이시니 곧 사람이신 그리스도 예수라"
(행 4:12) "다른 이로써는 구원을 받을 수 없나니 천하 사람 중에 구원을 받을 만한 다른 이름을 우리에게 주신 일이 없음이라 하였더라"
(요 14:6) "예수께서 이르시되 내가 곧 길이요 진리요 생명이니 나로 말미암지 않고는 아버지께로 올 자가 없느니라"

이단의 기준은 중보자가 자기라고 말하는 것이다. 이단의 교주를 믿어야 구원받는다고 말한다.

또 다른 기준은 자기 교파를 믿어야 구원받는다고 한다는 것이다. 다른 교파는 모두 잘못되었다고 주장한다.

이런 것들을 주장하는 사람은 모두 이단이다. 조심해야 한다.
(갈 5:20) "우상 숭배와 주술과 원수 맺는 것과 분쟁과 시기와 분냄과 당 짓는 것과 분열함과 이단과"
(딛 3:10) "이단에 속한 사람을 한두 번 훈계한 후에 멀리하라"
(벧후 2:1) "그러나 백성 가운데 또한 거짓 선지자들이 일어났었나니 이와 같이 너희 중에도 거짓 선생들이 있으리라 그들은 멸망하게 할 이단을 가만히 끌어들여 자기들을 사신 주를 부인하고 임박한 멸망을 스스로 취하는 자들이라"

2) 처음부터 악령이 들어가서 하나님처럼 응답하고 이끄는 사람이다.
광명한 천사인 마귀는, 부하인 귀신을 보내어 사람들 몸속에 들어가 마음을 움직여 하나님의 종이 되게 한다.

또 하나님처럼 방언, 통역을 하게 하고 환상을 보여 주고 음성을 들려주고 병을 고치고 귀신도 드러낸다. 가짜 천국, 가짜 지옥을 보여 주고 성경을 읽으라 하고 기도하라고 하고 찬송도 부르라고 한다. 기도 안 하면 기도하라고 책망도 한다. 어디에 헌금도 하라고 하고, 많이 하면 복 받는다고도 한다. 기도하면 사람의 몸을 넘어지게도 한다. 손수건으로도 하고, 말로 좌로 굴러 우로 굴러 명령만 내려도 한다. 그 외에도 수많은 기적과 표적을 보인다. 마귀의 부하도 모든 능력을 나타낸다. 그래서 분별하기 어렵고 속는 것이다. 조심해야 한다.

마귀에게 속지 않으려면 예수님의 말씀을 참고해야 한다.

능력을 보고는 참된 종인지 가짜 종인지 알 수 없다.

열매를 보고 구별하라고 하셨다.

(마 7:15-23) "[15] 거짓 선지자들을 삼가라 양의 옷을 입고 너희에게 나아오나 속에는 노략질하는 이리라 [16] 그들의 열매로 그들을 알지니 가시나무에서 포도를, 또는 엉겅퀴에서 무화과를 따겠느냐 [17] 이와 같이 좋은 나무마다 아름다운 열매를 맺고 못된 나무가 나쁜 열매를 맺나니 [18] 좋은 나무가 나쁜 열매를 맺을 수 없고 못된 나무가 아름다운 열매를 맺을 수 없느니라 [19] 아름다운 열매를 맺지 아니하는 나무마다 찍혀 불에 던져지느니라 [20] 이러므로 그들의 열매로 그들을 알리라 [21] 나더러 주여 주여 하는 자마다 다 천국에 들어갈 것이 아니요 다만 하늘에 계신 내 아버지의 뜻대로 행하는 자라야 들어가리라 [22] 그 날에 많은 사람이 나더러 이르되 주여 주여 우리가 주의 이름으로 선지자 노릇 하며 주의 이름으로 귀신을 쫓아 내며 주의 이름으로 많은 권능을 행하지 아니하였나이까 하리니 [23] 그 때에 내가 그들에게 밝히 말하되 내가 너희를 도무지 알지 못하니 불법을 행하는 자들아 내게서 떠나가라 하리라"

그 사람의 말과 행동을 보라. 예수님을 닮아가는 온유와 겸손이 있는가를 보라. 성품이 아름다운지, 선한 열매, 의의 열매가 있는지, 자신을 낮추고 하나님을 경배하고 이웃을 섬기고 영광을 하나님께만 돌리는지, 자기 유익을 구하지 않고 하나님의 뜻만 이루는지, 검소한지, 돈에 깨끗한지, 욕심이 없고 정직한지, 거짓이 없는지, 성실한지, 가정에서 가족에게 칭찬받는지, 명예에 욕심이 없는지, 하나님 일에 책임감이 있는지를 보라.

천사의 말을 해도 믿지 마라. 일류 대학 나온 것도 보지 마라. 능력도 보지 마라. 예수님의 가르침대로 열매를 맺었는가를 보고 분별하라.

이 책의 '제1부/제2장/2. 예수님이 가르쳐 주신 목회자상'대로 하는 사람이 진짜이고 나머지는 가짜다.

모든 성도는 분별하여 교회를 다녀야 한다. 그래야 자기 영혼이 살고 가족이 산다. 악령 받은 교회에 다니면 자기 영혼이 죽는다.

(약 2:19) "네가 하나님은 한 분이신 줄을 믿느냐 잘하는도다 귀신들도 믿고 떠느니라"

(고후 11:14) "이것은 이상한 일이 아니니라 사탄도 자기를 광명의 천사로 가장하나니"

(딤전 4:1) "그러나 성령이 밝히 말씀하시기를 후일에 어떤 사람들이 믿음에서 떠나 미혹하는 영과 귀신의 가르침을 따르리라 하셨으니"

(요일 4:6) "우리는 하나님께 속하였으니 하나님을 아는 자는 우리의 말을 듣고 하나님께 속하지 아니한 자는 우리의 말을 듣지 아니하나니 진리의 영과 미혹의 영을 이로써 아느니라"

가룟 유다는 처음부터 악령이 들어있었다.

(요 6:70) "예수께서 대답하시되 내가 너희 열둘을 택하지 아니하였느냐? 그러나 너희 중의 한 사람은 마귀니라 하시니"

(요 13:2) "마귀가 벌써 시몬의 아들 가룟 유다의 마음에 예수를 팔려는

생각을 넣었더라"

(요 13:27) "조각을 받은 후 곧 사탄이 그 속에 들어간 지라 이에 예수께서 유다에게 이르시되 네가 하는 일을 속히 하라 하시니"

3) 처음에는 성령으로 시작했다가 악령으로 끝나는 사람이다.

처음 하나님을 믿을 때는 마음이 순수하고 욕심이 없고 거짓이 없고 정직하고 성실했다. 주변에서도 선한 열매를 맺어서 칭찬받고 신학도 하여 목회자가 되었다. 그런데 목회자가 되어 여러 해가 지나면서 변질되었다. 돈 욕심이 생겨서 돈이 되는 일이면 거짓말도 하고 거짓 활동도 한다. 명예 욕심이 생겨서 목회보다는 여기저기 모임에 다니며 직책을 받아 명함에 잔뜩 넣고 다닌다. 그리고 그것이 성공이라도 한 것처럼 포장하고 자랑한다.

어떤 이는 교회 헌금을 자기 돈처럼 사용한다. 거짓 서류와 조작으로 교회 돈을 횡령한다. 어떤 이는 교회 선교비를 가지고 나가 일부는 선교지에 주고 일부는 자기 것으로 사용한다. 어떤 이는 교회를 팔아 일부는 교회를 위해 쓰고 일부는 자기가 횡령한다. 어떤 이는 이단 교주처럼 성적인 죄를 짓는다. 어떤 이는 목회를 하지 않고 다른 직업을 갖고 사는데, 어디 가면 목사라는 소리를 듣고 싶어서 여전히 목사라고 말하고 다닌다.

모두가 변질된 것이다. 하나님은 이런 사람들에게서 떠나셨다.

(요 8:44) "너희는 너희 아비 마귀에게서 났으니 너희 아비의 욕심대로 너희도 행하고자 하느니라 그는 처음부터 살인한 자요 진리가 그 속에 없으므로 진리에 서지 못하고 거짓을 말할 때마다 제 것으로 말하나니 이는 그가 거짓말쟁이요 거짓의 아비가 되었음이라"

구약에서 사울 왕을 볼 수 있다.

(삼상 10:10-12) "[10] 그들이 산에 이를 때에 선지자의 무리가 그를 영접하고 하나님의 영이 사울에게 크게 임하므로 그가 그들 중에서 예언을

하니 [11] 전에 사울을 알던 모든 사람들이 사울이 선지자들과 함께 예언함을 보고 서로 이르되 기스의 아들에게 무슨 일이 일어났느냐 사울도 선지자들 중에 있느냐 하고 [12] 그 곳의 어떤 사람은 말하여 이르되 그들의 아버지가 누구냐 한지라 그러므로 속담이 되어 이르되 사울도 선지자들 중에 있느냐 하더라"

(삼상 16:14) "여호와의 영이 사울에게서 떠나고 여호와께서 부리시는 악령이 그를 번뇌하게 한지라"

(삼상 18:10) "그 이튿날 하나님께서 부리시는 악령이 사울에게 힘 있게 내리매 그가 집 안에서 정신 없이 떠들어대므로 다윗이 평일과 같이 손으로 수금을 타는데 그 때에 사울의 손에 창이 있는지라"

신약에서 니골라 집사를 볼 수 있다.

(행 6:5) "온 무리가 이 말을 기뻐하여 믿음과 성령이 충만한 사람 스데반과 또 빌립과 브로고로와 니가노르와 디몬과 바메나와 유대교에 입교했던 안디옥 사람 니골라를 택하여"

(계 2:6) "오직 네게 이것이 있으니 네가 니골라 당의 행위를 미워하는도다 나도 이것을 미워하노라"

(계 2:15) "이와 같이 네게도 니골라 당의 교훈을 지키는 자들이 있도다"

성령의 은사를 맛보고 타락한 자들이 있다고 말씀하신다.

(히 6:4-6) "[4] 한 번 빛을 받고 하늘의 은사를 맛보고 성령에 참여한 바 되고 [5] 하나님의 선한 말씀과 내세의 능력을 맛보고도 [6] 타락한 자들은 다시 새롭게 하여 회개하게 할 수 없나니 이는 그들이 하나님의 아들을 다시 십자가에 못 박아 드러내 놓고 욕되게 함이라"

이런 사람들의 생활에서 열매를 보면 처음에는 선하다가 나중에는 악한 모습이 드러난다. 자기 욕심을 채우기 위해 하나님의 이름도 팔고 죄악을 범한다. 마음이 화인 맞아서 양심의 가책도 없고 서류 조작을 하여 죄가 아닌 것처럼 만들어 놓는다. 그러나 하나님께서 보실 때 열매가 나쁘다.

예수님이 열매를 보아 안다고 하셨다.

(마 12:33) "나무도 좋고 열매도 좋다 하든지 나무도 좋지 않고 열매도 좋지 않다 하든지 하라 그 열매로 나무를 아느니라"

우리도 우리 자신을 자세히 들여다보면 예수님이 말씀하신 좋은 열매인지 나쁜 열매인지를 알 수 있다.

우리는 마귀의 속임수에 넘어가지 않는 믿음을 가지고 있어야 한다. 살면서 여러 가지 시험을 당하게 되는데 조심해야 한다.

사도 바울의 말씀을 마음에 새겨야 한다.

(고전 10:12) "그런즉 선 줄로 생각하는 자는 넘어질까 조심하라"

처음 성령을 받았을 때 죄인인 줄 알고 회개하며 통곡하면서 하나님의 말씀과 뜻대로 살겠다고 고백한 것을 변함없이 지켜야 한다. 가난해도 지키고 부유해도 지켜야 한다.

(잠 30:8-9) "[8] 곧 헛된 것과 거짓말을 내게서 멀리 하옵시며 나를 가난하게도 마옵시고 부하게도 마옵시고 오직 필요한 양식으로 나를 먹이시옵소서 [9] 혹 내가 배불러서 하나님을 모른다 여호와가 누구냐 할까 하오며 혹 내가 가난하여 도둑질하고 내 하나님의 이름을 욕되게 할까 두려워함이니이다"

잠언서와 같이 세상의 헛된 것과 거짓을 멀리해야 하고 필요한 양식을 달라고 기도해야 한다.

그래서 예수님이 '이렇게 기도하라'고 가르쳐 주시며 일용할 양식을 달라고 기도하라 하셨다.

(눅 11:3) "우리에게 날마다 일용할 양식을 주시옵고"

어떤 사람은 하나님이 부르지도 않았고 종으로 여기지도 않는다. 그런데 자기 스스로 하나님의 종이라고 하면서 목사, 교수, 선교사, 전도사를 하고 있다.

더 무서운 사실은 악령이 들어가 지배하고 있다는 것이다. 그것도 모르면서 자신이 하나님의 종이라고 목회한다고 목사라고 대접하라고 한다.

이런 사람 중에 일부는 이단처럼 교회가 크기도 하다. 그러나 다수의 사람은 목회가 안 된다. 그러므로 목회가 안 되는 이유부터 정확하게 점검하고 해야 한다.

목회를 잘하려면 먼저 안 되는 이유부터 알아야 한다.

신학교에서는 목회 이론만 가르친다. 그대로 하면 절대로 안 된다. 이미 실패한 방법이기 때문이다. 교수들 머릿속에 있는 것은 이론뿐이다.

성공하는 사람은 철저하게 준비한다.

계획대로 잘 되었을 경우와 안 되었을 경우를 생각한다. 그리고 성공한 사람이나 기업을 찾아가 잘 되게 하는 방법을 배운다. 망하는 사업체나 사람에게서도 무엇이 문제였는지 정확하게 파악하며 배운다. 그리고 자신이 추진한 사업이 잘 되면 아무런 문제가 없겠지만, 만약 망하게 될 경우도 생각하여 가족이 살길을 미리 대비해 놓고 시작한다. 이렇게 세밀하게 계획을 세운 사람은 실수를 적게 하므로 성공할 확률이 높다. 그러나 세밀한 계획을 세우지 못하는 사람은 대충하기 때문에 실패할 확률이 많은 것이다.

목회도 마찬가지다. 성공한 목회자를 만나서 배우려는 마음으로 겸손하게 물어보면 알려 준다. 그러므로 항상 자기 이야기를 하려 하지 말고 질문하고 배우려 하는 마음을 가져야 한다. 목회에 관한 세미나가 있으면 돈을 아끼지 말고 참여하여 배워야 한다. 배우는 것은 투자하는 것이다. 투자는 나중에 많은 이익을 가져다준다.

장사도 망하는 원인을 정확하게 알고 시작해야 성공한다. 그래야 같은 실수를 하지 않는다. 모르면 시행착오를 일으켜서 망하는 것이다. 망하는 이유를 알게 되면 그렇게 하지 않고 잘되는 것만 하여 성공 가능성이 커진다.

목회도 마찬가지다. 안 되는 이유를 먼저 정확하게 알고 절대로 그렇게 하지 않아야 한다. 또 목회가 안 되는 이유를 알아야 잘못된 것을 고칠 수 있다. 모르면 영원히 못 한다.

그러므로 잘못된 것을 수정하고 목회를 잘하여 하나님께 칭찬받기를 바란다.

CHAPTER **02**

목회가 안 되는 다른 이유

▼ 1. 영적인 면

▼ 2. 지식적인 면

▼ 3. 인격적인 면

▼ 4. 외형적인 면

▼ 5. 목회자의 실력

▼ 6. 그 외에 목회를 못하는 이유

1. 영적인 면

1) 하나님이 도우시지 않기 때문이다.

왜 안 도우시는가?
하나님 마음에 안 들기 때문이다.
이것을 모르는 목회자가 많다.
이 문제가 가장 중요하다.
이 문제만 해결되면 다음 문제는 기도하면 해결된다.
하나님이 안 도와주겠다는데 사람이 아무리 노력해 봐야 안 된다.
이것은 모든 기독교인에게 적용되는 진리다.

2) 왜 하나님이 도와주지 않으시는가?

앞에서 말한 것도 포함하여 간단하게 정리해 보겠다.
여러 가지 이유가 있을 것이다.

- 죄가 많고 악하여서
- 마음과 생각과 말과 행동이 하나님 마음에 안 들어서
- 하나님 보시기에 믿음이 많이 부족하여
- 하나님이 사용할 계획이 없어서
- 기도가 부족하여서
- 항상 마귀에게 져서
- 악령들려 있어서
- 부족한 것이 많아서
- 불법을 행하고 있어서
- 계명을 지키지 않아서
- 구원받지 않아서

- 유기되어서
- 지옥 갈 사람이어서
- 성품이 마음에 들지 않아서
- 바르지 않아서
- 성경을 몰라서
- 자기반성이 없어서
- 회개를 안 하여서
- 회개할 줄 몰라서
- 잘못 기도하여서
- 마귀에게 순종하는 마귀의 종이어서(가룟 유다)
- 마귀에게 속아서
- 게을러서
- 충성된 종이 되지 못하여서
- 자격이 없어서
- 엉뚱한 길로 다녀서
- 욕심대로 행하여서
- 세상 사람처럼 살아서
- 명예를 얻으려고 하여서
- 미련하고 우매하여서
- 하나님의 이름을 이용하여 자기 뜻을 이루려고 하여서

이런 사람은 하나님이 사용하지 않으신다.
자신이 이런 여러 가지 이유에 해당한다면 믿음생활을 다시 시작해야 한다.
많은 사람이 자신을 보지 못한다.
남의 단점은 잘 보지만 자기의 단점은 보지 못한다.
자기의 단점을 보고 고치는 사람이 하나님께 인정받는다.

하나님이 역사를 안 해 주시니 당연히 목회가 안 된다.
모든 목회자는 이 문제를 해결해야 한다.
안되면 목회할 생각을 하지 말아야 한다.

3) 잘못된 생각을 하고 있다.

신학교를 졸업했으니 목회자의 자격이 있다고 생각한다. 특히 일류 신학대학을 나온 사람은 그 자부심이 더 크다. 그래서 목회를 잘할 줄로 믿는다. 그런데 막상 해보니 목회가 안 된다. 많은 목회자가 성도 100명을 모이게 하지 못한다.

좋은 신학교를 나오면 목사가 되어 성공할 줄 알았는데 틀린 것이 되었다. 하나님도 좋은 신학교 나오면 무조건 목사로 인정해 주시는가? 그리고 목회가 잘 되게 하시는가? 아니다.

모두가 착각하고 있다.

하나님은 하나님 마음에 드는 사람을 종으로 삼으시고 사용하신다. 학교, 좋은 대학, 일류 신학교, 박사학위를 보지 않으신다. 하나님의 관심은 그 사람의 됨됨이에 있다. 정직, 성실, 순종, 충성심, 변함이 없는 마음, 겸손, 온유를 보시고 기독교인으로서 하나님 말씀을 얼마나 지키는가를 보신다.

십계명을 지키고 예배와 기도생활, 하나님 일에 대한 열심과 부지런함, 책임감, 그리고 하나님을 사랑하고 이웃을 사랑하는 모습을 보신다. 칭찬을 받는 사람인지 모두 보시고 마음에 들어야 도와주신다. 마음에 들지 않는데 도와주는 신이나 사람은 없다. 그런데 신학교 나왔다고 목사로 기름 부었다고 무조건 도와주신다는 생각은 잘못된 생각이다.

하나님은 그 사람의 믿음생활을 보신다. 마음도 감찰하신다. 그리고 마음에 들 때 기도에 응답도 하시고 앞에서 인도하기도 하시고 도움도 주시고 구원도 주시고 치료도 해주신다.

'나는 무엇이 부족하여 하나님이 안 도우시나?'
깊이 생각해 보아야 할 것이다.

마음이 교만한 사람, 굳은 사람, 무지한 사람, 악령이 역사하는 사람은 자신의 부족한 것이 안 보인다. 결국은 버림받는 사람이 되는 것이다.

(딤전 6:4) "그는 교만하여 아무 것도 알지 못하고 변론과 언쟁을 좋아하는 자니 이로써 투기와 분쟁과 비방과 악한 생각이 나며"

(딤전 4:2) "자기 양심이 화인을 맞아서 외식함으로 거짓말하는 자들이라"

(눅 8:10) "이르시되 하나님 나라의 비밀을 아는 것이 너희에게는 허락되었으나 다른 사람에게는 비유로 하나니 이는 그들로 보아도 보지 못하고 들어도 깨닫지 못하게 하려 함이라"

세상이 혼란스러우면 참된 하나님의 종보다 거짓 종들이 더 많아진다. 예수님 당시에도 거짓된 종이 많았다. 유다가 바벨론에게 망할 때도 참된 종은 예레미야 한 사람이었고, 제사장과 선지자는 거짓된 종이었다.

북쪽 이스라엘 아합 왕 때도 혼란스러웠다. 바알과 아세라 선지자 850명에게 맞선 하나님의 종은 엘리야 1명이었다. 이렇게 어느 시대나 거짓된 종이 많다.

종말이 가까이 다가올수록 거짓 종들이 더 많다. 우리는 조심해야 한다. 내가 성경을 잘못 알아 거짓 종이 될 수도 있다.

(마 24:23-24) "[23] 그 때에 사람이 너희에게 말하되 보라 그리스도가 여기 있다 혹은 저기 있다 하여도 믿지 말라 [24] 거짓 그리스도들과 거짓 선지자들이 일어나 큰 표적과 기사를 보여 할 수만 있으면 택하신 자들도 미혹하리라"

예수님의 초림 때 서기관과 바리새인들이 예수님을 비난하고 모독했다. 그들은 거짓 종이었다. 그들은 모두 예수님의 무서운 심판을 받았다.

'나는 어떤 종인가?' 깊이 생각해 보아야 할 것이다.

내 주변에도 목회자들이 많이 있다. 가까이 사귀어 보면 거짓 종들이 참된 종보다 많다. 목회자가 되지 않았어야 하는 사람이 많다.

'왜 목회자가 되어 고생하고 심판받는 길을 가는가?' 하는 생각이 든다. '차라리 평신도로 생활했으면 저런 죄는 짓지 않았을 텐데, 목회자가 되어서 오히려 더 큰 죄를 짓고 심판받는구나.' 하는 생각이 든다.

잘못된 생각을 가지면 하나님도 인정하지 않으시고 응답도 없다. 그러므로 목회가 되지 않는다. 자기 생각의 무엇이 잘못되었는지 깊이 생각하고 고쳐야 한다.

2. 지식적인 면

1) 성도를 가르치는 지식이 부족하다.

지도자가 되려면 성도보다는 지식이 많아야 한다. 그렇게 되려면 많은 책을 읽어야 하고 공부도 많이 해야 한다. 박사가 되기 위한 공부가 아니라 성도에게 유익을 주고 자신에게도 유익을 주는 공부가 필요하다. 목회자는 사회 전반에 걸쳐서 다양하고 정확하고 성경적인 지식을 가지고 설교를 하고 상담도 해야 한다.

목사가 성도에게 틀린 정보나 잘못된 정보를 전달하면 신뢰를 잃어버린다. 그러면 모두 교회에서 조용히 사라질 것이다.

실제로 많은 성도가 '목회자에게 들을 것이 없다.', '배울 것이 없다.', '맨날 같은 이야기를 한다.', '내가 알고 있는 것보다 못하다.' 하면서 다른 교회로 옮긴다. 그러므로 지식이 부족한 줄 알면 배워서 채워야 한다.

2) 성경 지식도 부족하다.

신학교를 졸업했어도 성경을 모른다. 신학교에서 성경을 가르쳐 주지 않기 때문이다. 그러므로 성경을 알려면 스스로 연구해야 한다.

창세기부터 요한계시록까지 매일 한 장씩 요약하여 새벽에 20분 안에 설교하는 것을 계속해야 한다. 주석 다섯 개 정도는 읽어 봐야 다양한 성경관을 배울 수 있다. 그것을 요약하면서 설교를 논리적으로 전하는 것을 배워야 한다. 그리고 긴 내용을 요약하여 짧게 전달하는 방법, 짧은 내용도 시간에 맞추어 길게 하는 방법을 배우고 설교 시간을 지키려고 노력해야 한다.

단지 새벽에 설교하기 위해서만 성경을 보는 것이 아니라, 성경을 공부하기 위해서 해야 한다. 이렇게 4년을 하면 성경 한 권을 전부 연구하게 된다. 처음에는 어렵지만 성경을 깨달아 가면서 마음이 행복해진다. 그 후에는 설교하는 것이 쉬워진다. 성경 전체가 머릿속에서 생각나서 성경의 어느 곳을 보아도 설교할 수 있게 된다.

성경공부를 위해 전문 성경공부 세미나에 다니는 것도 많이 배울 수 있는 방법이다. 많이 알수록 성경의 해석이 쉬워지고 더 깊은 진리를 발견하게 된다.

성경을 단편적으로 알면 성경 속에 있는 진짜 진리는 모르게 되고, 자칫 잘못된 해석을 하여 오히려 하나님의 뜻을 거스르고 죄를 범한다. 그리고 성도가 들을 것이 없고 배울 것이 없는 신학교에서 배운 교리 설교만 하게 된다.

3) 설교가 은혜가 안 된다.

설교를 은혜롭게 하려면 많은 배움과 노력이 필요하다. 본인이 사역하는 곳 주변 100개 교회의 목사보다 설교를 잘해야 사람이 찾아온다. 주변 목회자와 같은 수준의 설교를 한다면 굳이 사람이 찾아올 일이 없다.

교회가 안 되는 이유 중 큰 비중을 차지하는 것이 설교다. 웅변 연습하듯이 설교 연습을 많이 해야 한다. 설교를 잘하는 사람은 수많은 노력과 연습으로 된 것이지 저절로 된 것이 아니다.

본문 설교, 제목 설교, 강해 설교, 부흥회 설교, 성령 설교, 철야기도회 설교 등 다양한 설교를 할 줄 알아야 한다. 그 상황에 맞게 설교 제목을 정하고 제목에 맞게 논리적으로 쉽게 전달해야 한다.

예)

어떤 목사님이 성도 200명 되는 교회의 후임자로 들어갔는데, 1년이 되어도 교회가 성장하지 않고 오히려 성도 수가 줄어들고 있었다. 본인은 명문대도 나오고 좋은 신학교도 나오고 가장 큰 교단에서 목회자가 되었으니 당연히 잘하리라고 믿었다. 성도들이 자기의 학력과 외모만 보아도 따라주고 충성하여 부흥할 줄 알았다. 그런데 반대 현상이 나타난 것이다. 그래서 돌파구를 찾지 못하고 고민하며 지내는데 어느 날, 여집사 두 명이 찾아와 "목사님, 웅변학원에 다니시면 설교를 더 잘하실 겁니다." 하며 돈 봉투를 주고 갔다. 그 목사님은 매우 자존심이 상했고 기분이 나빴다. 며칠을 끙끙거리다가 친한 성도에게 '내가 설교를 못하느냐'고 물으며 솔직하게 말해 달라고 하였다. 그러자 그 성도가 그렇다고 말하는 것이다. 그때까지 자신이 설교를 잘하는 줄로 알았는데 못한다니 크게 충격을 받았다.

그래서 받은 돈으로 웅변학원에 등록하여 열심히 웅변 연습을 하였고, 학원 선생님에게서 이제 잘한다는 소리를 듣게 되었을 때 그만두었다. 그 후부터 웅변학원에서 배운 대로 설교를 했더니 잘한다는 소리와 함께 은혜받았다는 말을 듣게 되었고, 교회가 크게 부흥하였다.

목회자에게 설교는 첫 번째로 자기 수준을 성도에게 알리는 도구다. 설교를 잘하면 많은 교인이 좋아하지만 못하면 교인들이 떠나게 된다. 설교는 자신이 알고 있는 만큼을 전하게 된다. 모르는 것을 전할 수가 없다. 그래서 설교를 들으면 전하는 사람의 지식과 성경말씀과 신앙의 수준을 알 수 있다.

성도들은 방송을 통해서도 많은 설교를 듣고 있다. 누가 은혜로운 설교를 하는지 잘 알고 있다는 뜻이다. 그리고 성경을 바르게 전하는지 아닌지도 안다. 그러므로 설교를 잘해야 하는 것도 목회자의 사명이다. 설교를 못하기 때문에 많은 성도가 교회를 떠난다는 것을 기억해야 한다.

4) 잘 가르치는 은사가 부족하다.

목사는 교수법(敎授法)이 좋아야 한다. 즉, 강의하는 방법이 좋아야 한다. 성도들이 알아듣게 이해가 잘되도록 쉽게 논리적으로 요약해서 가르쳐야 한다.

본인만 아는 지식, 어려운 지식, 학문적 지식, 성도와 관계없는 내용, 중언부언으로 하는 설교나 강의는 듣는 사람을 피곤하고 실망하게 한다. 결국 그 목회자를 떠나게 만든다. 그러므로 교수법을 연구하고 연습도 많이 하여 명강의, 명설교가 되어야 한다.

5) 말을 논리적으로 할 줄 모른다.

설교할 때 삼단논법으로 하라고 배웠다. 설교학 시간에 서론, 본론, 결론 이렇게 작성하라고 배웠는데 그렇게 하지 않고 중구난방으로 설교하는 사람이 많다. 성도들이 설교를 듣기는 들었는데 무슨 이야기를 들었는지 정리가 안 된다. 자기만 아는 소리를 내뱉었거나 자기도 모르는 내용을 지껄인 것이다. 설교는 듣는 사람이 이해할 수 있고 은혜가 되게 해야 한다. 비논리적으로 설교를 하면 당연히 성도가 모이지 않는다. 이것을 빨리 고쳐야 한다.

6) 설교에 설득력, 감화력이 없다.

사람의 말에는 설득력, 감화력, 호소력이 있어서 감화, 감동을 주어야 한다. 그런데 밋밋하거나 처음부터 끝까지 같은 톤으로 하면 듣는 사람은 졸음이 온다. 이런 설교나 강의는 사람을 쫓아낸다. 빨리 수정해야 한다.

3. 인격적인 면

1) 인성이 부족하다.

　사람의 성품이 인격적으로 부족하면 대인관계가 안 되고, 목회자의 경우 사람이 따르지 않는다. 옳고 그름이 정확하지 않고 정직과 성실을 모르고 정의와 공의를 모른다면, 목사로서는 많이 부족하다. 당연히 사람이 모이지 않는다.

　성품과 인격이 부족하여 성도에게 신경질 부리고 미워하고, 잘못된 정보를 제공하고, 거짓말하고 게으르고 비인격적인 행동을 하는 등 목회자다운 모습이 없어 신뢰가 사라지니 사람이 모이지 않고 떠난다.

2) 예의범절이 부족하다.

　목회자 중에도 예절이 부족한 사람이 많다. 인사성, 배려, 존중, 예의가 없으면 사람과의 관계에서 실망을 준다. 그러므로 사람과 사람의 관계를 형성하는 데 예절이 중요하다는 것을 알아야 한다.

　사람을 보면 인사할 줄 알고, 상대방에게 도움을 받았으면 감사할 줄 알고, 친하지 않은 사람에게는 존댓말을 하고, 상대방의 말을 존중해 주고 이해하고 배려하는 마음이 있고, 상대방에게 대접받았으면 자신도 대접할 줄 아는 사람이 되어야 한다.

　인사도 할 줄 모르고 감사할 줄도 모르고, 아무에게나 반말하고 말로 상처 주고 남을 무시하면서 목사라고 대접받기만 하고 대접하지 않으면 목회가 안 된다.

3) 말과 행동이 다르다.

　언행일치가 되어야 한다. 설교할 때는 옳은 말을 하는데 본인이 안 지킨다면 아무도 존경하지 않는다. 교회에서 약속을 안 지키고 거짓말하고 욕심

부리고 돈 문제로 실수하고, 가정에서도 부부 사이가 좋지 않고 사모도 실수를 많이 하고 자녀들이 바르지 않는 등 목회자가 말씀대로 살지 않으면서 설교만 한다면 교회는 안 된다.

　이와 같은 대인관계를 할 줄 모르는 사람이 있다. 이런 사람은 목회를 못한다. 그래서 바울이 디모데에게 '교회 일꾼을 세울 때 칭찬받는 사람을 세우라'고 한 것이다. 이런 기본 인격과 예의범절과 대인관계는 성장하면서 배웠어야 한다. 그런데 이런 기본적인 인격이 형성되지 않아 이기적이고, 주변 환경에 맞지 않는 행동과 말을 하고, 다른 사람의 마음을 이해하지 못하고 주관적으로 행동하는 사람은 목회를 안 하는 것이 하나님의 이름을 욕되게 하지 않는 것이고, 본인에게도 좋은 것이다.

4. 외형적인 면

1) 외모를 수준 이하로 하고 다닌다.
　목회자는 외모도 단정해야 한다. 머리에서 발끝까지 단정하고 본이 되어야 한다. 너무 사치스럽게 하고 다녀도 안 되고, 너무 초라한 모습도 안 된다. 너무 사치스러우면 성도들이 '사치스럽다. 돈이 그렇게 많으냐.' 하고, 너무 초라하면 '왜 저렇게 사느냐'고 한다. 그러므로 적당한 선에서 단정하고 깔끔하게 하고 다녀야 한다.
　머리 모양도 단정해야 하고 신발도 단정해야 한다. '요즘은 개성 시대인데 나는 내 개성대로 하겠다.'라며 머리 모양을 이상하게 하고 머리에 붉은색을 염색하고, 옷도 색다르게 입고 신발도 특이한 것을 신고 다니면 다른 사람들이 인정할 것 같은가? 절대로 그렇지 않다.

정신이 잘못되었거나 모자란 목회자로 생각한다. 자기 멋대로 사는 사람, 이기주의자, 타인을 생각하지 않는 사람이라고 단정지을 것이다. 사람들은 그런 목회자를 존경하지 않고 좋아하지도 않는다. 언젠가는 떠날 것이다.

2) 외모는 잘 꾸미고 다니나 말과 행동이 다르다.

외모는 잘 꾸미고 다니는데 말과 행동이 다르면 사람들이 알아차리고 떠난다. 언행일치가 목회자에게는 중요한 덕목이다. 이것을 지키지 않으면 외모가 단정해도 사기꾼, 나쁜 사람으로 인식되어 성도들이 다른 곳으로 간다.

언행일치는 매우 중요하다. 많은 성도가 목사의 언행 불일치에 실망하여 교회를 떠난다.

5. 목회자의 실력

목회자에게는 영력과 지력이 실력이다.

1) 영력이 없다.

목회자는 영력이 있어야 한다. 영력을 갖추려면 기도를 많이 하여 성령의 은사를 받아야 한다. 병 고치는 은사, 귀신 쫓는 은사, 지혜의 은사, 지식의 은사, 믿음의 은사 등을 받아야 한다. 목사가 기도할 때 이러한 능력이 나타나야 영력이 있는 목사라고 할 수 있다. 현대에는 영력 있는 목사가 적다. 그래서 교회가 안 되고 오히려 줄어들고 있다.

목사에게 초대교회 사도들과 같은 영력이 나타나면 지금도 사람들이 교회로 모일 것이다. 목회자가 영력이 없는 것은 하나님이 원하시는 것이 아니다.

영력이 없는 목회자가 있는 교회는 성도 수가 점점 줄어들고 노인들만 남게 된다.

2) 지력이 없다.

요즘 목회자들은 공부를 많이 한다. 대학원을 졸업하고 박사 과정까지 하는 사람도 많다. 그런데 신학 박사, 목회학 박사가 되어도 목회를 못하는 사람이 많다. 즉, 지력이 많다고 목회를 잘하는 것은 아니다.

여기서 말하는 지력은 세상적인 지력도 기본은 갖추어야 하고, 성경을 깨닫고 전하는 지력도 있어야 함을 의미한다. 세상 지력은 있는데 성경을 아는 것이 없다면 아무 소용 없다. 성도는 성경말씀을 듣고 은혜를 받고자 교회에 모인다. 그런데 세상의 이야기만 하고 성경의 진리를 바르게 전하지 못한다면 성도는 은혜를 받지 못한다. 결국 교회를 떠나게 된다.

3) 체력도 없다.

체력이 있어야 기도도 하고 설교 준비도 하고 심방도 하고 성경공부 강의도 하고 행사도 한다. 체력이 안 되면 아무것도 할 수 없다. 그러므로 목사는 자신의 체력 관리를 해야 한다.

4) 인격도 없다.

인격이 부족한 사람이 있다. 이런 사람은 지도자가 되지 않는 것이 맞다. 그런데 어떻게 된 일인지 목회자가 되었다. 성도들도 그 목회자가 인격이 없는 것을 잘 안다. 본인만 모른다. 본인은 자신의 인격이 좋다고 생각하고 있다. 본인이 말과 행동으로, 그리고 사람과의 관계에서 비인격적인 모습을 보인다는 것을 모른다. 이런 사람은 목회자를 하면 안 된다.

하나님의 이름을 망령되게 하는 것이다. 계속 인격적인 결함으로 실수를 반복하고 성도에게 상처를 주어, 교회가 욕을 먹고 예수님이 욕을 먹는다. 그러니 목회를 안 해야 한다. 인격이 잘못 형성된 것은 고치기가 어렵다. 기도하여 능력받는 것보다 어렵다. 어릴 때부터 자라면서 형성되어 계속 그렇게 살아왔기 때문에, 성인이 되어 고친다는 것은 매우 어려운 일이다. 인격이 없는 목회자가 시무하는 교회도 성장은 안 된다. 이런 사람은 아무것도 할 수 없다. 차라리 목사직을 자진 사직하고 평신도로 헌신하는 것이 좋다.

6. 그 외에 목회를 못하는 이유

- 큰 교회 목회만 바라보고 작은 교회에 없는 것을 불만, 불평만 한다.
- 성경을 창세기부터 연구하지 않아 성경도 모르고 하나님도 모른다.
- 섬길 줄 모르고 목회자로서 높아지고 대접만 받으려 한다.
- 자기 잘못을 보지 못하여 고치지 않는다.
- 부족한 것을 보지 못하여 노력도 하지 않는다.
- 설교를 못하는데 공부하지 않는다.
- 인격이 부족한데 고치려고 하지 않는다.
- 게을러서 무엇을 하든 느리다.
- 대인관계를 못하여 사람들이 실망한다.
- 생활 설교를 못하고 조직신학 설교를 하여 성도들이 답답해한다.
- 그리스도인이 어떻게 살아야 하는지를 가르치지 못한다.
- 신론, 교회론, 구원론, 종말론만 설교한다.
- 하나님의 뜻도 정확하게 모른다.
- 어떻게 무엇을 가르쳐야 하는지도 모른다.
- 교회 운영을 할 줄 모른다.

· 교회 행정을 할 줄 모른다.
· 헌금 관리도 할 줄 모른다.
· 헌금을 자기 것처럼 사용한다.
· 교회 돈을 자기 것으로 생각한다.
· 교인들에게 돈을 가지고 오라고 한다.
· 교묘하게 속여서 돈을 착취한다.
· 헌금을 도둑질한다.
· 교회를 팔아먹는다.
· 교회를 이단에게 넘긴다.
· 성도가 목사에게서 배울 것이 없다.
· 대안도 없다.
· 자녀 교육의 대안도 없다.
· 교회학교 교육의 대안도 없다.
· 모르면 배우려고 노력이라도 해야 하는데 아무것도 안 한다.
· 자기가 잘난 줄로 안다.
· 모르면서 아는 척한다.
· 예수님을 믿는 사람은 분명한데 삶은 엉터리다.
· 교회 밖에서 명성을 얻으면 성공한 것인 줄로 안다.
· 그것이 지옥 가는 길인 줄 모른다.
· 성경도 모르고 하나님도 모르기 때문에, 자기가 무엇을 잘못하고 있는지도 모른다.
· 그러니 회개도 안 한다.
· 사소한 죄는 누구에게나 있고, 그런 것 때문에 지옥 가지 않는다고 생각하고 있다.
· 그러나 그 죄를 회개 안 하면 지옥 간다.

이걸 모르는데 회개는 어떻게 할 수 있을까?
이런 목회를 하는 교회에 누가 나가겠는가?

지금까지 목회가 안 되는 이유에 대하여 설명하였다. 잘못되었던 모든 것을 수정하고 보완하여 잘하도록 해야 한다. 이런 것들이 고쳐지지 않으면 목회자의 길을 가기 힘들다.

어떤 목사님이 말씀하였다. "목회자는 모든 것을 잘해야 한다. 그리고 특별히 두세 가지를 더 잘해야 목회를 할 수 있다."라고 말이다. 정말로 그렇다. 목회자가 잘못하여 실수하면 즉시 실패로 이어진다. 목회자의 길은 매우 어렵고 험난한 길이다. 그래서 아무나 목회자가 되면 안 된다고 말하는 것이다.

CHAPTER 03

전도해도 정착되지 않는 이유

▼ 1. 새가족이 교회에 출석하면 살펴보는 것이 있다

▼ 2. 교회 분위기가 나쁘면 정착이 안 된다

▼ 3. 마귀의 방해가 있어도 정착이 안 된다

1. 새가족이 교회에 출석하면 살펴보는 것이 있다

첫째로 목사님의 설교가 은혜로운가?
둘째로 담임목사가 믿을 수 있고 존경할 만한 목사인가?
셋째로 교회 분위기는 좋은가? 성도 간에 사랑이 있는가?
넷째로 교회에서 헌금을 강조하는가? 헌금 사용은 바르게 하는가?
다섯째로 교회가 자신의 생각과 맞는가?
이런 것들을 살펴보고 맞으면 다니고 맞지 않으면 안 다닌다.
그러므로 새가족이 원하는 것을 알고 충족시키는 목회자와 교회가 되어야 한다. 이것이 안 되면 전도해도 교회에 안 나온다.

2. 교회 분위기가 나쁘면 정착이 안 된다

전도한 사람이 실수하거나 잘못해도 안 나온다.
교인들의 신앙과 인격이 잘못된 것을 발견해도 안 나온다.
기존 성도가 말이나 행동으로 시험들게 하면 안 나온다.
교회 분위기가 썰렁해도 안 나온다.
교회 와서 은혜를 받지 못하면 안 나온다.
교회 와서 헌금이 부담되거나 교회 일이 부담되어도 안 나온다.

3. 마귀의 방해가 있어도 정착이 안 된다

· 교회 다녀오면 몸이 아프다.
· 교회 출석했더니 악몽을 꾼다.
· 교회 다녀오면 나쁜 일이 생긴다.
· 교회 가는 것이 정말 싫어진다.
· 가족이 교회 가지 말라고 하여 못 온다.
· 귀신들려도 교회 가기 싫어진다.
· 마귀가 다른 교회로 가라고 한다.

새가족을 교회에 정착시키려면 많은 노력이 필요하다.
영적으로 많은 기도가 필요하다.
목회자와 성도가 합심으로 한 영혼을 구원하려는 애통함이 있어야 한다.
전도의 동기를 부여하는 전도 프로그램이 있어야 한다.

part 3
교회 성장 방법편

제1장 목회자의 배우려는 마음
제2장 성공하는 목회 방법 세 가지

CHAPTER 01

목회자의 배우려는 마음

목회가 안 되는 이유에서 살펴본 것처럼 목회자로서 많이 부족한 것을 발견했다면 이제는 배우려는 마음을 가져야 한다. 그리고 부지런하게 실천 목회를 가르쳐 주는 곳을 찾아가 배워야 한다.

나는 목회를 할 줄 몰라서 성경공부 세미나, 제자 훈련 세미나, 전도 세미나, 셀 사역 세미나, 강해 설교 세미나, 설교 세미나, 기도 세미나, 성막 세미나, 요한계시록 세미나, 뒷문 막기 세미나, 일대일 세미나, 새가족 정착 세미나, 평신도 훈련 세미나, 지도자 세미나, 성령 운동 세미나, 300명 돌파 세미나, 40일 새벽기도 세미나, 21일 새벽기도 세미나, 총동원 전도 세미나, 예수 전도 축제 세미나 등 합하면 100여 곳 이상을 다녔다. 세미나 비용도 엄청나게 지불했다. 하지만 이런 노력이 있어 현재의 교회로 성장한 것이다.

세미나에서 배우면 교회 와서 직접 시행해 보았다. 어떤 것은 형편없는 내용이었다. 하지만 좋은 것도 많았다. 성공한 것도 있었고 실패한 것도 있었다. 그러면서 조금씩 더 발전해 나갔다. 그리고 현재의 십자가의 길 목회 종합시스템을 완성할 수 있었다. 현재 우리 교회는 십자가의 길 시스템을 바탕으로 내가 없어도 자동으로 평신도 사역자를 양성하고 있으며, 교회의 모든 사역이 자동화되어 생동감 있게 움직이고 성장하고 있다.

교회 성장 방법의 하나는 담임목사가 많이 배워야 한다는 것이다. 어떤 신학교 교수의 말을 빌리자면, 목회자가 성장한 만큼 교회가 성장한다. 그러므로 목회자는 실천 목회를 배우는 데 시간과 돈을 사용해야 한다.

예) 목회 공부하러 안 간다.

어느 유명하고 성공한 목회자가 매년 한 번씩 목회 세미나를 하였다. 나도 참석하여 들어보았는데 배울 것이 많았다. 그래서 형편이 어려운 개척교회 목회자들의 세미나 비용을 대신 지급해 주며 듣기를 권하고 함께 참석하였다. 그렇게 2년간 2번을 지급해 주고, 그다음부터는 본인들이 비용을 지불하고 참석하시라 했더니 안 오는 것을 보았다. 그분들의 교회는 30년 전이나 지금이나 소교회에 머물고 있다.

배우지 않는 목회자는 목회를 알 수 없다. 본인의 머릿속에 있는 방법은 이미 모두 사용하여 더이상 좋은 것이 나올 수가 없다. 그러면 다른 사람에게 배워서 탁월한 방법을 찾아내야 한다. 그렇게 하지 않으면 교회 성장은 안 되고 퇴보한다.

1) 찬송가를 배워라.

목회자가 음치, 박치인 경우가 있다.

찬송가를 인도할 때 은혜로운 곡, 성도가 부르면 은혜받는 곡을 선곡할 줄 모른다.

찬송가를 어떻게 인도해야 은혜롭게 하는지도 모른다.

찬송가를 은혜롭게 부르고 인도하는 것부터 배워라. 다른 사람보다 잘해야 한다. 목소리가 정확해야 하고, 앞으로 쭉 밀어주어야 한다. 찬송가도 많은 기술이 필요하다. 적당히 불러서는 안 된다. 이것도 모른다면 목회하기 힘들다.

2) 마이크 사용법을 배워라.

설교할 때 효과적으로 사용하는 법을 배워라.

찬송가를 인도할 때 사용하는 법을 배워라.

음량 조절법, 음색 조절하는 법을 배워라.

3) 기도회 인도하는 것을 배워라.

식사기도, 대표기도, 축도를 배워라.

기도회를 인도할 때 성도의 입에서 기도가 터지게 하는 방법을 배워라.

목회 30년을 했는데 이런 것 하나도 할 줄 모르는 사람이 많다.

이렇게 눈치코치가 없으면 목회할 수 없다.

4) 설교하는 것을 배워라.

그동안 많은 명설교가의 설교를 들었다면 그 흉내라도 내라.

장년들을 대상으로 초등학생에게 설교하듯이 하는 사람, 단어 사용과 표현을 중고등학생에게 말하듯이 설교하는 사람이 있다. 성인에게 설교하려면 성인 수준에 맞게 해야 한다.

또 교리 설교만 하는 등 전혀 노력하지 않은 모습이 보인다. 설교를 못하면 교회 성장은 안 된다.

5) 사회보는 것을 배워라.

사회를 맡으면 엉터리로 하는 사람이 있다.

마이크 사용, 서 있는 자세, 적절한 멘트, 그리고 신속하고 정확하면서 은혜롭게 진행해야 한다. 그런데 이런 감각이 없는 사람이 있다. 다른 사람이 하는 것을 보고 배워야 한다.

6) 리더십을 배워라.

착하긴 한데 리더십이 없는 사람이 많다.

어떻게 사람을 리드해야 하는지 책을 보고라도 배워야 한다. 목회는 사람을 리드하는 일이다. 이것을 할 줄 모르면 목회 못 한다.

7) 교회 행정을 배워라.

교회 행정을 모르면 교회 조직을 체계적으로 움직일 수 없다. 교인이 소수일 때는 행정이 없어도 되지만 몇십 명부터는 조직을 움직일 수 있는 효과적인 행정이 있어야 한다. 철저하고 효과적인 행정이 없으면 조직이 돌아가지 않고 우왕좌왕하게 된다. 교인 수가 몇십 명으로 올라가면 교회가 깨지고 하는 것은 효과적인 행정이 없기 때문이다.

8) 효율적인 조직과 관리를 배워라.

9) 개인기도를 배워라.

10) 성령 충만을 배워라.

11) 전도를 배워라.

12) 평신도 사역자 훈련을 배워라.

13) 교회 재정 관리를 배워라.

14) 대인관계를 배워라.

15) 인생을 배워라.

목회자는 평생 배워야 한다. 모르면 못한다. 알아야 할 수 있다. 경험하고 배운 것이 재산이다. 그러므로 많은 경험을 쌓아라.

CHAPTER **02**

성공하는 목회 방법 세 가지

▼ 1. 기도하는 교회로 만들어 성령 하나님을 만나라

▼ 2. 전도하는 교회로 만들라

▼ 3. 평신도 지도자를 양성하는 교회로 만들라

▼ 4. 영력, 지력, 실력, 인격, 지도력, 체력이 있어야 한다

교회는 아래의 세 가지 중 한 가지만 잘해도 부흥한다. 세 가지를 잘하는 교회가 되면 계속 부흥한다.

첫째, 기도하는 교회를 만든다.

둘째, 전도하는 교회를 만든다.

셋째, 평신도 사역자를 양성하는 교회를 만든다.

이 세 가지만 성공시키면 계속하여 구원받는 영혼이 늘어날 것이다. 그런데 많은 목회자가 한 가지도 못하고 있다. 이 세 가지를 어떻게든 만들려고 공부하고 연구하고 힘써야 한다. 그런데 안 하거나 못하고 있으니 교회가 성장할 수 없다.

1. 기도하는 교회로 만들어 성령 하나님을 만나라

1) 살아 계신 하나님을 만나야 한다.

목회자가 기도 많이 하여 성령 하나님을 만나는 경험을 해야 한다. 본인이 성령세례, 성령의 은사, 성령의 열매, 성령 충만, 성령의 능력을 경험해야 한다. 그래야 성도들에게 성령 충만을 받으라고 설교하고 성령 받게 하는 집회를 인도할 수 있다. 본인이 경험하지 못하면 성령집회 인도를 못 한다. 본인이 성령집회 인도를 못 하면 성도들도 못 하게 된다. 그래서 죽은 교회가 되는 것이다.

초대교회는 하나님의 일꾼으로 사용하는 첫 번째 조건이 성령의 역사 경험이었다. 성령의 역사를 경험한 사람들이 일꾼으로 세워졌다. 사도와 120명의 사람들이 마가의 다락방에서 성령 충만을 받아 성령의 역사를 경험하고 나가서 복음을 전하니 예루살렘이 소동하였다.

사도행전에서 일곱 집사를 세울 때도 성령 충만한 사람을 뽑았고, 베드로가 설교할 때도 3,000명이 성령의 역사를 경험하였고, 이방인 고넬료 백부장과 그 가족도 성령의 역사를 경험하였고, 사도 바울과 바나바도 성령 충만하였다.

이렇게 성령 충만한 사람들이 복음을 전파하여 전세계로 퍼졌다. 지금도 성령 충만을 받아 바르게 사용하는 사람이 많으면 교회는 살아 있고 계속 성장하고 세계로 퍼져 나간다고 믿는다.

성령을 받지 못하거나, 악령 받았는데 성령인 줄 알고 악하게 행동하는 사람들이 많아 교회가 비난받고 죽어가는 것이다.

나는 목회하는 데 가장 중요한 첫 번째 일이, 기도 많이 하여 성령 하나님을 만나서 여러 가지 경험을 해보는 것이라고 믿는다. 지금은 성령 시대인데 성령 받은 경험이 없다면 목회를 할 수 없다는 말도 된다.

목회자는 성령 하나님을 만나는 경험을 해야 자기의 힘이 아니라 성령 하나님의 힘으로 목회하게 된다. 살아 계신 하나님을 본인이 직접 경험해 봐야 확신이 생기고 하나님의 증인으로서 말하게 된다.

(행 1:8) "오직 성령이 너희에게 임하시면 너희가 권능을 받고 예루살렘과 온 유대와 사마리아와 땅 끝까지 이르러 내 증인이 되리라 하시니라"

이 말씀을 직접 경험해 보고 전해야 확실한 증인이 되는 것이다. 초대교회 제자들처럼 성령 하나님을 만나고 동행해야 신나게 목회를 한다.

베드로가 성령 충만하여 기도하니 앉은뱅이가 일어났다. 이 경험이 베드로에게 큰 힘이 되었다. 베드로가 성령 충만하여 설교하므로 3,000명이 회개하는 역사가 일어났다. 베드로는 무식한 어부였지만 성령 충만을 경험하고서 병자를 고쳤고, 부활하신 예수님을 만나 사명을 받고 나니 설교가 살아 있었다. 하나님을 만난 사람들의 설교는 진리가 분명하고 힘있게 선포된다. 많은 사람이 베드로의 설교를 듣고 유대교에서 기독교로 개종하였다.

모든 목회자는 반드시 성령을 받아야 하고, 성령세례도 경험해야 하고,

성령의 은사도 받아야 한다. 그래서 그 은사를 목회 현장에서 사용하고 힘있게 복음을 선포해야 한다. 그럴 때 또 성령의 역사가 강하게 나타난다. 반드시 본인이 기도하여 성령의 은사를 받아야 한다.

하나님을 만나는 길은 기도다. 매일 저녁 9시에 사모와 함께 강단 앞에서 간절하게 기도하여 성령 하나님을 만나는 경험을 해야 한다. 아무리 기도해도 성령 하나님이 만나주지 않으시면, 앞에서 말한 하나님께서 만나주시지 않는 이유를 점검하라.

하나님을 만나서 베드로와 같은 능력이 나타난다면 목회는 되는 것이다. 아무런 성령의 능력이 나타나지 않으니 목회를 못하는 것이다.

초대교회는 성령의 능력이 나타나므로 교회가 성장하였다. 그래서 사도행전을 성령행전이라고 말한다. 그만큼 성령의 역사가 중요했다는 것이다.

사도바울도 다메섹으로 가는 도중에 부활하신 예수님을 만났다. 그리고 몇 년을 기도하여 성령의 은사를 받았다. 그 후 사역을 하면서 성령의 능력이 나타났다. 병자를 치료하고 귀신을 쫓아냈다. 그리고 사람이 모이면 복음을 전했다.

예수님도 같은 방식이다. 하나님이심을 나타내는 이적과 표적을 보이시고 사람들이 모이면 천국 복음을 전하셨다. 귀신 쫓는 것과 병자를 치료하는 이적을 가장 많이 보이셨다. 이러한 이적을 본 사람들이 모여들었다. 그들에게 복음을 전하는 것이다.

지금도 그렇게 하면 사람이 모인다. 치유집회를 하라. 그러면 사람이 모인다. 그 후에 복음을 전하면 된다. 새벽기도를 치유집회로 만들어라. 금요철야 기도회를 치유집회 시간으로 만들어라. 주어진 환경과 시간을 이용하면 된다.

나는 매일 새벽기도 설교 후에 치유 안수기도를 해 준다. 수십 명에서 수백 명이 안수를 받는다. 금요철야 기도회 후에도 수백 명이 안수를 받는다.

주일 대예배 후에는 전체 성도를 그 자리에서 일어서게 하여 한 번에 치유 기도해 준다. 하나님께서 많은 병자를 치유하신다. 그런 소문이 퍼지니 매주 많은 사람이 등록하고 있다. 코로나 때도 연 2,000명 이상 등록하였고, 지금도 매년 1,700명 이상 등록하고 있다. 성령의 능력은 어느 시대에나 복음을 전하는 도구가 된다.

모든 목회자는 기도하여 성령의 능력을 받아야 한다.

예수님이 승천하시면서 강력하게 말씀하셨다.

(눅 24:49) "볼지어다 내가 내 아버지께서 약속하신 것을 너희에게 보내리니 너희는 위로부터 능력으로 입혀질 때까지 이 성에 머물라 하시니라"

제자들은 마가의 다락방에 모여 약속하신 성령의 능력이 임할 때까지 기도했다. 그래서 성령의 충만함과 능력을 받고 살아 계신 예수님의 증인이 된 것이다.

(행 1:4,5,8,9) "[4] 사도와 함께 모이사 그들에게 분부하여 이르시되 예루살렘을 떠나지 말고 내게서 들은 바 아버지께서 약속하신 것을 기다리라 [5] 요한은 물로 세례를 베풀었으나 너희는 몇 날이 못되어 성령으로 세례를 받으리라 하셨느니라 [8] 오직 성령이 너희에게 임하시면 너희가 권능을 받고 예루살렘과 온 유대와 사마리아와 땅 끝까지 이르러 내 증인이 되리라 하시니라 [9] 이 말씀을 마치시고 그들이 보는데 올려져 가시니 구름이 그를 가리어 보이지 않게 하더라"

하나님은 말씀하신 것을 지키신다. 예수님의 말씀을 믿고 마가의 다락방을 떠나지 않고 위로부터 능력이 임할 때까지 기도한 사람들은 모두 능력을 받았다. 그리고 그들이 나가서 능력을 행하고 복음을 전하자 예루살렘 성이 요동하였다.

지금도 목회자에게 살아 계신 하나님을 보여 줄 수 있는 것은 말이 아니요 능력이다. 성령 하나님이 주시는 능력은 하나님의 마음에 들어야 주신다. 아무나 받는 것이 아니다. 그러므로 먼저 하나님 마음에 맞는 신앙생활을 하고 난 후에 기도해야 받을 수 있다.

사도 바울도 말로 전도하지 않고 성령의 나타나심과 능력으로 했다고 말한다. 지금의 목회자들도 모두가 말로 하나님을 전하는 것보다 성령의 나타나심과 능력으로 전하면 교회가 성장한다.

(고전 4:20) "하나님의 나라는 말에 있지 아니하고 오직 능력에 있음이라"

(고전 2:4) "내 말과 내 전도함이 설득력 있는 지혜의 말로 하지 아니하고 다만 성령의 나타나심과 능력으로 하여"

사도행전 10장에 보면 이방인 고넬료 백부장에게도 먼저 하나님 마음에 맞는 신앙생활을 하며 기도할 때 천사가 찾아왔다. 그리고 천사의 지시대로 했더니 가족 모두가 성령 받는 경험을 하였다.

만약 제자들과 사도 바울에게 성령의 능력이 나타나지 않았다면 복음을 전하는 사역이 효과가 있었을까? 없었을 것이다.

지금도 마찬가지다. 말로만 하나님을 전하기 때문에 사람들이 믿지 않고 따르지도 않는 것이다. 말이 아니라 살아 계신 하나님을 보게 하든지 경험하게 해 주라. 그러면 사람들이 모인다. 그들에게 천국 복음을 전하면 된다. 이것이 예수님의 전도법이다. 예수님은 제자들을 삼 년 동안 이렇게 훈련시키셨다. 현대교회도 성도들을 예수님 전도법으로 훈련해야 한다.

성령의 역사와 능력이 나타나지 않는 교회는 죽은 교회다. 살아 있는 교회로 만들어라. 그러면 살려고 사람들이 모인다. 그들에게 천국 복음을 전하라. 이것이 교회를 살리는 방법이다.

2) 목회자 본인이 기도하여 문제를 해결받은 간증이 많아야 한다.

목회자가 경제 문제, 부부 문제, 자녀 문제, 교회 문제, 영적인 문제를 기도하여 하나님의 도우심으로 해결된 간증이 많아야 한다. 그리고 기도하여 불치의 병이 치료되고, 또 귀신들이 쫓겨나가는 경험이 있어야 한다. 그런 간증이 설교 시간에 조금씩 전달될 때 성도들이 소망을 갖고 기도하여 살아 계신 하나님을 만나게 된다. 응답받는 성도가 믿음생활도 잘하고 전도도 잘한다.

반대로 목회자가 성령 받은 간증, 능력 받은 간증, 문제를 해결받은 간증, 불치의 병이 치료된 간증이 없다면, 그리고 자기 문제 즉, 경제 문제, 자녀 문제, 부부 문제, 질병 문제, 교회 문제도 해결하지 못하여 근심, 걱정하고 고민하고 있다면, 성도들이 그 목사의 말을 믿을 수 있을까? 살아 계신 하나님을 믿으라고는 말하는데, 정작 본인은 아무것도 하나님의 도우심을 받지 못하고 근심, 걱정 속에서 자기들과 똑같이 좌절하고 있다면 그 목회자의 말을 믿을 수 있을까? 그러니까 교회 성장이 안 되는 것이다.

목회자는 하나님을 만나야 한다. 하나님을 만나지 못한 목회자는 증인이 되지 못한다. 말로만 전하는 하나님은 능력이 없다. 목회가 안 된다.

자신의 문제도 해결하지 못하는데 다른 무엇을 해결할 수 있는가?

목숨 걸고 기도하여 성령 하나님을 만나고 능력을 받아야 목회할 수 있다.

질병, 가난, 고통, 9가지 은사, 9가지 열매, 영적 경험, 성경 깨달음 등을 경험해야 하고, 자신의 부족함이 성령의 역사로 고쳐지고 성장해야 목회를 잘하게 된다.

2. 전도하는 교회로 만들라

1) 예수님이 제자 삼는 이유

예수님이 제자를 삼는 목적도 전도였고, 제자들에게 첫 번째 훈련한 것도 두 명씩 짝지어 내보내면서 하는 전도였다. 이것을 3년 훈련하셨다.

(막 1:17) "예수께서 이르시되 나를 따라오라 내가 너희로 사람을 낚는 어부가 되게 하리라 하시니"

(막 3:14) "이에 열둘을 세우셨으니 이는 자기와 함께 있게 하시고 또 보내사 전도도 하며"

교회도 처음부터 이렇게 해야 한다. 그러면 모든 성도가 3년 후에는 성령 충만하고 전도도 잘하고 복음 전하는 일꾼이 된다. 예수님이 본을 보여주셨는데 그것을 따라 하지 않고 아무것도 안 하거나, 예수님 믿으면 구원받는다는 설교만 하거나, 목사를 잘 섬겨야 복 받는다고 목사를 우상화하고 있다. 예수님의 가르침과 전혀 다른 길을 가는데 성령 하나님이 함께하시거나 도와주실 리가 없다.

예수님의 가르침대로 하려면 자기부터 3년 동안 나가서 전도 경험을 쌓아라. 경험이 있어야 다른 사람을 가르칠 수 있다. 본인이 전도할 줄 모르는데 다른 사람을 가르칠 수 없다. 그런데 이런 경험이 없는 목회자가 다수다. 이것도 한국교회가 잘못하고 있는 것이다.

2) 예수님은 전도할 때 어떻게 하셨는가?

우리는 예수님의 제자이므로 예수님이 하시던 방법을 그대로 해야 한다. 그러면 많은 영혼을 전도하여 구원할 수 있다. 예수님이 가르쳐 준 방법으로 전도하는 교회는 지금도 살아 있고 전도가 잘되고 있다. 안 하는 교회는 당연히 안 되는 것이다.

성경의 가르침이 행한 대로 받는다는 원칙이다. 아무것도 행하지 않으면 아무것도 없다. 전도를 많이 하면 전도가 많이 된다.

3) 예수님도 앞장서서 전도하셨다.

예수님이 직접 전도하시며 제자들을 지휘하셨다. 목회자들도 예수님처럼 직접 전도하면서 성도가 효과적으로 전도할 수 있도록 지휘해야 한다.

(마 11:1) "예수께서 열두 제자에게 명하기를 마치시고 이에 그들의 여러 동네에서 가르치시며 전도하시려고 거기를 떠나 가시니라"

(막 1:38) "이르시되 우리가 다른 가까운 마을들로 가자 거기서도 전도하리니 내가 이를 위하여 왔노라 하시고"

(눅 4:44) "갈릴리 여러 회당에서 전도하시더라"

담임목사가 앞장서서 같이 전도하라. 자기는 안 하면서 성도만 하라고 하면 안 된다. 예수님과 똑같은 방법으로 하라. 그렇게 하려고 노력하라.

예수님은 전도의 도구로 귀신을 쫓아내고 병자를 치료하셨다. 목회자도 성도도 예수님처럼 기도하여 귀신도 쫓아내고 병자도 치료하라. 그렇게 되게 해 달라고 매일 기도하라. 이런 성령의 역사가 나타나면 구원받는 수가 많아진다. 예수님은 모든 사람에게 이와 같은 성령의 역사가 나타나기를 바라고 계시다.

(막 1:39) "이에 온 갈릴리에 다니시며 그들의 여러 회당에서 전도하시고 또 귀신들을 내쫓으시더라"

(눅 8:2) "또한 악귀를 쫓아내심과 병 고침을 받은 어떤 여자들 곧 일곱 귀신이 나간 자 막달라인이라 하는 마리아와"

(눅 9:1) "예수께서 열두 제자를 불러 모으사 모든 귀신을 제어하며 병을 고치는 능력과 권위를 주시고"

4) 예수님은 제자들에게 전도하는 방법을 가르쳐 주셨다.

① 잃어버린 영혼에게 가라.

② 천국 복음을 전하라.

③ 병자를 위해 기도하고 귀신을 쫓아내라.

④ 거저 받았으니 거저 주라.

⑤ 돈주머니를 가지지 말라.

⑥ 그 집이 대접하면 받아라.

⑦ 평안과 복을 빌어 주라.

⑧ 받기 합당하면 그 집이 받을 것이요, 합당하지 않으면 너희가 받을 것이다.

⑨ 핍박하면 먼지 털고 나와라.

예수님이 가르쳐 주신 원칙으로 전도하면 많은 영혼이 구원받고, 전도하는 것이 즐겁고 행복하다. 그리고 하늘의 상급도 받게 되고 땅에서 복도 받으며 권능도 나타나게 된다. 순종이 제사보다 낫다는 것을 명심하라.

(마 10:5-15) "[5] 예수께서 이 열둘을 내보내시며 명하여 이르시되 이방인의 길로도 가지 말고 사마리아인의 고을에도 들어가지 말고 [6] 오히려 이스라엘 집의 잃어버린 양에게로 가라 [7] 가면서 전파하여 말하되 천국이 가까이 왔다 하고 [8] 병든 자를 고치며 죽은 자를 살리며 나병환자를 깨끗하게 하며 귀신을 쫓아내되 너희가 거저 받았으니 거저 주라 [9] 너희 전대에 금이나 은이나 동을 가지지 말고 [10] 여행을 위하여 배낭이나 두 벌 옷이나 신이나 지팡이를 가지지 말라 이는 일꾼이 자기의 먹을 것 받는 것이 마땅함이라 [11] 어떤 성이나 마을에 들어가든지 그 중에 합당한 자를 찾아내어 너희가 떠나기까지 거기서 머물라 [12] 또

그 집에 들어가면서 평안하기를 빌라 [13] 그 집이 이에 합당하면 너희 빈 평안이 거기 임할 것이요 만일 합당하지 아니하면 그 평안이 너희에게 돌아올 것이니라 [14] 누구든지 너희를 영접하지도 아니하고 너희 말을 듣지도 아니하거든 그 집이나 성에서 나가 너희 발의 먼지를 떨어 버리라 [15] 내가 진실로 너희에게 이르노니 심판 날에 소돔과 고모라 땅이 그 성보다 견디기 쉬우리라"

5) 가장 효과적인 방법을 알려 주셨다.

가장 적은 인원으로 가장 큰 효과를 보도록 설계하셨다. 처음부터 혼자 나가면 자신감이 없는데, 둘씩 내보내면 서로에게 힘이 된다. 12명의 제자가 1팀으로 전도하는 것보다 둘씩 6팀으로 하는 것이 최대 효과를 본다.

(막 6:7) "열두 제자를 부르사 둘씩 둘씩 보내시며 더러운 귀신을 제어하는 권능을 주시고"

(눅 10:1) "그 후에 주께서 따로 칠십 인을 세우사 친히 가시려는 각 동네와 각 지역으로 둘씩 앞서 보내시며"

전도하다가 귀신을 쫓아내고 병자를 치료했다고 하여 돈을 요구하지 말라. 돈을 바라면 발람 선지자처럼 된다. 스스로 조심해야 한다. 그래서 예수님이 전대도 가지지 말고 거저 받았으니 거저 주라고 하신 것이다. 이 말씀을 무시하고 돈을 가지고 와서 기도 받으라고 한 사람들은 모두 발람 선지자처럼 저주받아 영벌 받았다.

(마 10:1) "예수께서 그의 열두 제자를 부르사 더러운 귀신을 쫓아내며 모든 병과 모든 약한 것을 고치는 권능을 주시니라"

(마 10:8) "병든 자를 고치며 죽은 자를 살리며 나병환자를 깨끗하게 하며 귀신을 쫓아내되 너희가 거저 받았으니 거저 주라"

(벧후 2:15) "그들이 바른 길을 떠나 미혹되어 브올의 아들 발람의 길을

따르는도다 그는 불의의 삯을 사랑하다가"
(유 1:11) "화 있을진저 이 사람들이여, 가인의 길에 행하였으며 삯을 위하여 발람의 어그러진 길로 몰려 갔으며 고라의 패역을 따라 멸망을 받았도다"

6) 3년을 전도 훈련하면 달인이 된다.

처음에는 전도할 줄 모른다. 하지만 계속 전도를 나가서 훈련받으면 3년 후에는 능숙하게 하는 사람이 된다. 그러므로 교회에서 전도 프로그램을 지속적으로 운영해야 한다. 전도 현장에서 당장 효과가 없다고 안 하면 전도자를 양성할 수 없다. 당장 효과가 없어도 계속 전도해야 훌륭한 전도자가 만들어진다. 이런 훈련이 된 사람은 자기 주변에서 누구를 만나든지 그리고 언제든지 전도하여 영혼을 구원하는 사람이 된다.

7) 실패해도 배우고 깨닫는 것이 있다.

전도 나가서 처음에는 여러 번 실패한다. 이것을 통해서 실망도 하고 좌절도 한다. 하지만 이런 실패를 통해 자신의 부족함을 깨닫고 기도하고, 새로운 방법을 찾거나 기도를 더 많이 하게 되어 능력을 받게 된다. 그러면 많은 사람을 살리는 전도자가 된다.

8) 전도자는 하나님이 생활을 책임지신다.

하나님은 전도자를 책임지신다. 하나님이 주인이시기 때문에 일을 시키시고 먹을 것과 입을 것을 주신다. 예수님이 제자들에게 처음에는 전대도 아무것도 가지지 말라고 하시며 전도를 내보내셨다. 그리고 3년 후 그들에게 "부족한 것이 있더냐?"라고 물어보셨다. 제자들은 없었다고 대답하였다. 전도자는 하나님이 자신을 책임진다는 것을 느꼈을 때 감사하게 된다.

(눅 22:35) "그들에게 이르시되 내가 너희를 전대와 배낭과 신발도 없이 보내었을 때에 부족한 것이 있더냐 이르되 없었나이다"
(눅 10:7) "그 집에 유하며 주는 것을 먹고 마시라 일꾼이 그 삯을 받는 것이 마땅하니라 이 집에서 저 집으로 옮기지 말라"
(딤전 5:18) "성경에 일렀으되 곡식을 밟아 떠는 소의 입에 망을 씌우지 말라 하였고 또 일꾼이 그 삯을 받는 것은 마땅하다 하였느니라"

9) 전도하는 데 시간과 돈을 사용하라.

많은 교회가 전도하는 것에 시간과 돈을 사용해야 하는데 안 한다. 이것은 매우 잘못하고 있는 것이다. 교회의 헌금을 매월 일백만 원에서 일천만 원씩 전도비에 사용한다면 전도가 된다. 그런데 한 푼도 안 쓰면서 성도들에게 전도하라고 한다. 교회 운영을 잘못하고 있다. 교회가 첫 번째로 시간과 돈을 많이 투자해야 하는 것이 전도다.

다른 행사를 하는 데는 돈과 시간을 사용하고, 전도하는 데는 시간과 돈을 사용하지 않으면서 교회가 안 된다고 말한다. 이런 어리석은 경영이 어디 있는가?

개척할 때부터 다른 곳에 시간과 돈을 사용하지 말고 오직 전도에 시간과 헌금을 사용하라. 다른 행사는 만들지 말라. 전도가 돼야 교회가 성장한다. 그다음에 다른 행사를 해도 된다. 전도를 안 하여 교회가 성장하지 않으면 다른 행사도 못 한다. 그러니 목회자의 생활비보다 더 중요한 전도에 집중하여 시간과 헌금을 사용하라. 교회가 성장해야 목회자의 생활도 풍성해진다.

전도를 잘하는 사람에게 전도비를 주라. 그러면 더 많은 사람을 전도할 것이다. 전도에 동기 부여를 빠르게 하려면 매월 전도자와 그 교구장을 시상하라. 그러면 지속적인 동기 부여가 된다.

10) 매주 화요일과 목요일에 전도를 내보내라.

한 주에 한 번 하는 것보다 두 번 이상 하는 것이 효과가 좋다. 바쁜 사람도 시간을 내어 한 번은 참석할 수 있다. 한 주에 한 번만 하면 시간이 안 맞아 못 오는 사람이 있다. 한 주에 두 번씩 전도 훈련하는 현장에 1년만 나오면 숙달된 전도자가 된다.

교회는 전도자들에게 점심을 대접하고 등록시킨 사람 1명당 전도비로 얼마씩을 지급하면, 전도자가 전도비 부담이 되지 않아 열심히 전도할 것이다.

현대교회는 예수님이 가르쳐 주신 방법으로 전도하지 않고 엉뚱한 방법으로 전도한다. 사람은 모이게 할 수 있으나 모인 후에 성령 받게 하지 않으면 아무 소용 없다.

많은 교회가 예수님 전도법을 모른다. 들은 적도 배운 적도 없고, 성경에서 찾기 위해 연구하지도 않는다. 예수님 세대와 지금 세대는 다르다고 생각한다. 이것은 잘못된 생각과 판단이다. 이런 사람은 성령의 역사를 경험하지 못한다.

현대교회에는 성령의 역사가 없는 교회가 많다. 목사에게도 없고 성도에게도 없다. 어떤 교회는 악령의 역사만 있다.

모든 교회와 목회자들에게 초대교회처럼 성령의 역사가 나타나서 하나님 보시기에 바르게 사용되었으면 한다. 전도 프로그램도 성령의 역사가 있는 예수님 전도법으로 하기를 소망한다.

3. 평신도 지도자를 양성하는 교회로 만들라

신학교에서 평신도 지도자 훈련 방법을 가르치지 않는다. 본인들이 모르는데 어떻게 할 수 있는가? 모르면 할 수 없는 것이다.

평신도 지도자 훈련을 하여 성공한 여러 교회가 세미나를 개최하여 한국교회에 알리고 있다. 그러나 배우러 오는 목회자는 소수이고, 배운 사람도 본인의 교회에 정착시키는 목회자는 더 소수다. 그러나 정착시킨 교회는 평신도 지도자가 많아져서 계속 부흥하고 있다. 하지 않고 있는 교회들은 성도가 노령화되고 있으며 점점 줄어들고 있다. 앞으로 20년 뒤에는 한국교회가 많이 없어지고 교인 수가 급감할 것이다. 유럽교회처럼 죽은 교회가 될 것이다.

예수님의 말씀이다.
(마 28:19-20) "[19] 그러므로 너희는 가서 모든 민족을 제자로 삼아 아버지와 아들과 성령의 이름으로 세례를 베풀고 [20] 내가 너희에게 분부한 모든 것을 가르쳐 지키게 하라 볼지어다 내가 세상 끝날까지 너희와 항상 함께 있으리라 하시니라"

요약하면 제자 삼고, 성령세례를 받게 하고, 예수님의 교훈을 가르치고 지키게 하면 성령 하나님이 함께하신다는 말씀이다.

반대로 해석하면 제자를 만들지 않고, 성령세례도 받지 못하고, 예수님 교훈도 모르고, 가르치지도 않고 지키지도 않는다면 하나님이 함께하지 않는 사람이 된다는 것이다.

현재 목회를 하는 중에 몇 명에게 자기 대신 목회할 평신도 지도자를 만들었는가? 못 만들었다면 목회를 잘못한 것이다. 예수님의 가르침을 전혀 이해하지 못하고 있는 것이다.

이제부터라도 배워서 하기를 바란다.

1) 평신도 지도자 훈련

제자 훈련, 평신도 리더 훈련, 셀 교회, 두 날개 운동, 십자가의 길 목회 종합시스템 등으로 세미나를 하고 있다. 이런 세미나에 전부 다녀보고 가장 좋은 것을 선택하여 실행하면 된다. 안 하면 교회를 유지할 방법이 없다.

2) 평신도 훈련의 문제점

- 평신도 지도자 훈련을 받고 나면 성도가 변화되어야 하는데, 더 교만해지는 일이 있다. 그래서 목회자의 말을 듣지 않고 자기 마음대로 성도를 끌고 다닌다.
- 조직신학 내용을 교재로 사용하므로 성품과 생활에 변화가 일어나지 않고 성경 지식만 더 길러 주었다.
- 책 내용이 귀납적 성경공부 형식으로 되어 있어서 배울 때는 이해하는데 가르치는 것을 어려워하여 못한다.
- 기도와 성령 충만을 경험하는 시간이 없는 교재가 많다. 그래서 초대교회와 같은 일이 일어나지 않는다.
- 성경 전체의 내용을 정확하게 모르고, 필요한 성경구절만 뽑아서 사용하여 하나님 뜻과 거리가 먼 것이 많다.
- 많은 교회가 성장하면서 분쟁과 분열이 계속된다.
- 지속적으로 이루어져야 하는데 중간에 멈춘다.

3) 십자가의 길 평신도 사역자 훈련의 장점과 단점

「장점」

하나님을 믿는 사람이 어떻게 살아야 하나님의 뜻대로 사는 것인지 배우고, 가르치는 사람도 그렇게 살고 배우는 사람도 그렇게 살도록 한다.

그리스도인의 삶은 하나님 사랑과 이웃 사랑을 실천하며 살아야 행복하다는 것을 가르친다.

구원받으려면 성령세례를 받아야 하고 성령 받기 위해서는 많은 기도를 해야 한다는 것을 배우고 가르친다.

교회 나오면 어떻게 신앙생활해야 하고, 세상에서는 어떻게 살아야 하고, 가정생활은 어떻게 해야 하고, 전도는 어떻게 해야 하고, 자신이 어떻게 달라져야 하는지를 배우고, 지도자가 되어 다른 사람을 일대일로 가르친다.

이 훈련을 받은 사람은 자신이 변화되고 가정이 행복해지고 직장생활이 즐거워지고 교회생활이 행복하고 하나님 믿는 기쁨이 있다. 그 결과 삶의 전반에서 하나님이 주신 평안함과 행복함으로 가득하고 하나님이 주신 복을 받으며, 하나님 사랑과 이웃 사랑을 실천한다. 내 뜻은 내려놓고 하나님의 뜻을 이루어 드리고, 평신도 사역자가 되어 다른 사람을 하나님께 인도하는 전문가가 된다.

십자가의 길 훈련을 받은 사람은 평신도 사역자가 되어 수십 명을 이끄는 지역장을 맡겨도 잘 해내고, 수백 명을 이끄는 교구장을 맡겨도 감당한다. 이들은 기도와 성령 충만과 예수님 전도법과 성도를 양육하는 일과 지도자로서 다른 사람을 섬기는 일에 훈련되어 언제든지 사역할 수 있다.

「단점」

목회자가 하나님 말씀대로 살지 못하면 십자가의 길 목회 종합시스템을 할 수 없다. 자신의 신앙 양심이 찌르기 때문이다. 성도들이 배우면서 담임 목사가 성경말씀처럼 사는지 다르게 사는지 평가하기 때문이다.

성도들도 변화되기 싫은 사람은 배우지 않으려고 한다. 양심에 찔리고 다른 사람을 일대일로 양육할 때 자기의 잘못된 모습을 보여주기 때문이다.

악령이 들어있는 사람은 십자가의 길을 배우면서 악령의 정체가 드러나고 괴로우므로 안 배우려고 한다.

4) 총과 실탄을 주어 영적 전쟁에 내보내라.

마귀의 속임수를 이기는 방법은,

첫째가 예수님이 가르쳐 주신 기도 방법이다.

둘째는 예수님이 가르쳐 주신 전도 방법이다.

셋째는 예수님이 가르쳐 주신 제자 만드는 방법이다.

이것이 총과 실탄이다. 이것을 가지고 마귀와 그 부하들과 싸우면 백전백승한다.

하나님의 사람에게 영적 무기는 성령의 능력으로 나타나는 귀신을 쫓아내는 것과 질병 치료다. 이것은 기도를 많이 하고 진리의 말씀대로 사는 사람에게 나타난다. 이런 무기가 없는 사람은 마귀와 싸워 이기지 못하고 마귀에게 져서 종이 된다.

사도 바울이 한 다음 말씀의 뜻을 깊이 생각하라. 성령의 능력이 목회자의 무기다. 바울에게 이것이 없었다면 아무 일도 하지 못했다. 성령께서 능력으로 일해 주시므로 복음을 전할 수 있었다.

(고후 6:7) "진리의 말씀과 하나님의 능력으로 의의 무기를 좌우에 가지고"

(고전 2:4) "내 말과 내 전도함이 설득력 있는 지혜의 말로 하지 아니하고 다만 성령의 나타나심과 능력으로 하여"

(살전 1:5) "이는 우리 복음이 너희에게 말로만 이른 것이 아니라 또한 능력과 성령과 큰 확신으로 된 것임이라 우리가 너희 가운데서 너희를 위하여 어떤 사람이 된 것은 너희가 아는 바와 같으니라"

(고전 4:19) "주께서 허락하시면 내가 너희에게 속히 나아가서 교만한 자들의 말이 아니라 오직 그 능력을 알아보겠으니"

(고전 4:20) "하나님의 나라는 말에 있지 아니하고 오직 능력에 있음이라"

예수님도 마찬가지다. 능력으로 일하셨기 때문에 제자들과 사람들이 그리스도로 믿고 따른 것이다.

(눅 4:14) "예수께서 성령의 능력으로 갈릴리에 돌아가시니 그 소문이 사방에 퍼졌고"

목회자든 평신도든 그리스도인은 영적 무기를 가지고 전투에 임해야 한다. 그래야 마귀를 이기고 승리자가 되어 자기 영혼도 살리고 가족의 영혼도 살리고 이웃의 영혼도 살린다. 영적 무기가 없는 사람은 항상 마귀에게 진다.

이 목회학과 교회 성장학을 읽은 사람은 영적 무기가 그리스도인에게 중요하다는 것을 알게 된 것이다. 그러므로 오늘부터 교회 강단 위나 교회에서 철야 기도하여 영적 무기를 얻고 전신갑주를 받고 마귀와 싸워 승리자가 되어야 한다.

4. 영력, 지력, 실력, 인격, 지도력, 체력이 있어야 한다

성도는 자신보다 높은 실력을 갖춘 사람을 지도자로 섬긴다. 자신보다 못한 사람을 따르지 않는다. 그러므로 목회자는 높은 지력과 실력과 인격의 품위를 가져야 한다. 그렇게 하려면 끊임없이 자신을 가르쳐야 한다.

바울은 디모데에게 스스로를 가르치라고 하였다.

(딤전 4:11-16) "[11] 너는 이것들을 명하고 가르치라 [12] 누구든지 네 연소함을 업신여기지 못하게 하고 오직 말과 행실과 사랑과 믿음과 정절에 있어서 믿는 자에게 본이 되어 [13] 내가 이를 때까지 읽는 것과 권하는 것과 가르치는 것에 전념하라 [14] 네 속에 있는 은사 곧 장로의 회에서 안수 받을 때에 예언을 통하여 받은 것을 가볍게 여기지 말며 [15] 이 모든 일에 전심 전력하여 너의 성숙함을 모든 사람에게 나타나게 하라 [16]

네가 네 자신과 가르침을 살펴 이 일을 계속하라 이것을 행함으로 네 자신과 네게 듣는 자를 구원하리라"

다른 사람에게 업신여김을 받는 것은 자신을 가르치지 않았기 때문이다. 즉, 자신에게 실력, 지력, 영력, 인격, 지도력이 없으므로 배우고 따를 것이 없어서 무시당하는 것이다. 이런 일이 없게 하려면 자신의 부족한 점을 찾아 배우고 고쳐서 실력 있는 사람, 품위 있는 사람으로 만들어야 한다. 항상 말과 행동이 정숙하고 단정하며, 하는 일이 옳고 바르고 정확하고, 신뢰 있는 행동을 하며 하나님의 능력을 보여주어야 사랑받고 존경받는다.

바울이 디모데에게 한 말씀대로 힘써 노력하여 자신을 성장시켜야 목회자로 성공할 수 있다.

1) 영력이 제일 중요하다.

영력이 없는 목사는 죽은 목사다. 영력은 예수님의 가르침대로 살면서 낮아지고 겸손하여 섬기는 종이 되고, 하나님을 사랑하여 마음을 다하고 목숨을 다하고 힘을 다하고 뜻을 다하여 계명을 지키며, 기도하여 성령이 충만할 때 나온다. 목회자는 이것이 제일 중요하다는 것을 깨닫고 기도하기를 바란다.

예수님의 가르침과 반대로 살고 계명을 지키지 않는 사람이 영력이 나온다면 악령이 역사하는 것이다.

강단 위에서 매일 저녁 기도하라. 앞에서 알려 준 방식으로 기도하면 빠른 기간에 성령의 역사를 경험하게 되고 영력 있는 목사가 된다.

2) 실력을 키워라.

돈이 적게 드는 방법을 소개하겠다.

'데일리 카네기'의 저서 '성공의 비결'을 읽어라. 여러 가지 처세술에 관한 책을 읽어라. 그리고 잠언서를 100번 읽어라. 그렇게 하면 자신의 인격과 처세와 대인관계가 성장할 것이다.

위인전을 읽어라. 많은 것을 배우고 도전을 받을 것이다. 그리고 유명한 철학자들의 책을 읽어라. 인생에 관한 글도 읽어라. 전도서와 시편과 욥기를 여러 번 읽어라. 인생을 어떻게 살아야 보람되고 가치 있게 사는 것인지를 깨닫고 전하라.

목회에 도움이 안 되는 모임에 가지 말고, 배우는 데 시간과 돈을 투자하라. 말을 논리적으로 하는 법을 배우기 위해 논리책을 읽어라.

심리학, 정신분석학, 교육학, 생활경제학, 지도력 책도 읽어라.

스스로 배우지 않으면 성장하지 못하고, 성장하지 못하면 업신여김을 당한다.

그러나 예수님의 가르침과 계명대로 살지 못하면 실력도 쓸모없는 것이 된다. 또 영력이 없으면 실력도 하나님께 인정받지 못한다.

3) 성경의 내용을 바르게 전할 실력을 길러라.

신학교에서 성경을 배우지 못했다. 그러면 목회하면서 성경 연구를 해야 하는데, 설교하기 위해서는 성경을 보고 성경 연구하기 위해서는 안 보는 것 같다. 설교 내용이 신학교에서 배운 구원론, 신론, 교회론 안에 머물러 있다.

성도들은 세상에서 힘들게 살고 있다. 교회 와서 하나님의 말씀으로 세상을 살아가는 방법을 배우고자 한다. 그래서 구원도 받고 복도 받고 싶은 것이다. 그러면 목회자는 성경말씀을 잘 전해야 한다.

하나님이 원하시는 생활 설교, 치유 설교, 성령 받게 하는 설교, 인생 문제를 해결하는 설교, 가정 문제를 해결하는 설교, 성경적인 자녀 교육 설교, 성경적인 부부생활 설교, 직장생활 설교, 성공하는 사업 설교, 교회생활 설교, 복 받는 생활 설교, 걱정, 근심을 해결하는 설교 등을 듣고 싶어 한다.

목회자들이 성경을 모르니까 참 하나님의 뜻을 알지 못한다. 그래서 신학교에 배운 것만 사용하게 된다. 매일 성경 연구시간을 가져라. 성경 한 장을 연구하여 새벽 설교에 20분으로 요약하여 전하라. 창세기부터 요한계시록까지 하라. 과거에는 몰랐던 하나님의 말씀과 뜻을 알게 되고 설교를 잘하게 된다. 지금까지 알고 있던 성경말씀을 잘못 알았다는 것을 알게 된다. 목사의 설교 내용이 깊어지면 교인들은 큰 은혜를 받는다. 본인도 하나님을 더 잘 섬기게 된다.

4) 지력을 길러라.

형편이 되면 일반 대학원을 다니며 목회에 필요한 공부를 더 하라. 그리고 박사학위도 받아라. 목회를 잘하든지 못하든지 박사학위가 있으면 함부로 무시하지 않는다.

그러나 이것이 자만이나 교만이 되면 안 받는 것이 낫다. 그리고 영력이 없거나 실력이 없거나 성경을 모르면서 박사가 되면 하나님도 인정하지 않으시고 성도들도 인정하지 않는다. 오히려 조롱받게 된다.

5) 체력 관리를 열심히 하라.

목회에는 강한 체력이 필요하다. 많은 일을 해야 하기 때문이다. 평상시에 관리를 잘해야 한다. 목회하고 싶어도 건강을 잃으면 하지 못한다.

6) 사명 감당을 목숨 걸고 하라.

어떤 이유로든지 목사로 안수받았으면 사명을 감당해야 한다. 감당하지 않으면 하나님께 버림받을 수 있다.

각 교단에 목사직을 사직하는 조항이 있다. 자진 사직과 권고 사직이 있다.

자진 사직은 자신이 목사로서 부족하니 목사직을 내려놓고 평신도로 하나님을 섬기겠다고 생각할 때 하는 것이다.

권고 사직은 노회나 지방회에서 목사직을 수행하는 데 있어 죄나 큰 문제가 있어서 강제로 사직시키는 것이다.

이렇게 되면 구원받느냐 못 받느냐 하는 중대한 문제가 생긴다.

권고 사직은 불가능해 보이고, 자진 사직은 어떻게 회개하느냐에 달려 있다. 회개한 모습과 그다음의 신앙생활을 예수님의 가르침대로 행하면 구원받을 것이지만, 자기 생각대로 신앙생활하면 못 받을 확률이 높다.

그래서 이런 위험을 안고 사직하느니 목숨 걸고 기도하여 성령세례 받고 성령의 능력 받아 사명 감당하는 것이 좋은 것이다.

그러나 목사직을 받고서 하나님의 뜻대로 사명 감당하지 않으면 지옥 간다는 것도 명심해야 한다.

part 4
부교역자편

제1장 부목사, 전도사

제2장 평신도 사역자(교구장, 지역장)

제3장 한국교회 미래

CHAPTER 01

부목사, 전도사

▼ 1. 기도해서 하나님을 만나라

▼ 2. 실천 목회를 배워라

▼ 3. 계속 배워라

▼ 4. 성령의 능력을 받아라

▼ 5. 담임목사의 말에 순종하라

▼ 6. 담임목사와 교인들을 섬기는 종이 되어라

▼ 7. 부교역자가 생각이 없고 부족한데 노력을 안 한다

▼ 8. 사모는 직장을 다니게 하라

▼ 9. 선교사

1. 기도해서 하나님을 만나라

신학교 다니면서 본인 교회에 가서 철야 기도 및 금식 기도하면서 성령 하나님을 만나는 경험을 하라. 하나님을 만나지 못한 자가 목회하면 되겠는가? 하나님을 만나지 못한 자는 증인이 될 수 없다. 자신도 모르는 책 속의 하나님을 전하는 자가 된다.

하나님이 만나주시지 않는 것에는 여러 가지 이유가 있다고 목회편에 기록하였다.

예)

어떤 청년이 신학교에 갔다. 담임목사가 '목회자가 되려면 하나님을 만나야 하니 집에서 잠자지 말고 교회에서 기도하고 자라'고 하였다. 청년은 4년 동안 교회에서 기도하고 잠을 잤다. 청년이 신학대학원에 입학할 때가 되어 담임목사가 물었다.

"교회에서 기도하면서 예수님 만난 적이 있느냐? 꿈이나 환상이나 음성으로 들은 적이 있느냐?"

청년은 없다고 대답하였다. 담임목사는 '그러면 신학대학원에 다니면서도 교회에서 기도하고 자라'고 말하였다. 그리고 3년이 지나 졸업할 때에 같은 질문을 하였다. 똑같이 하나님을 만난 적이 없다고 대답하였다.

그 후, 청년은 다른 교회에서 전도사 생활과 부목사 생활을 하였다. 그러나 그 후에는 목회를 안 하고 있다. 하나님이 자신을 부르신 소명감도 없고 사명감도 없다. 하나님을 만나지 못했기 때문이다.

사람이 하나님을 찾았는데 안 만나주시는 이유가 무엇일까?

분명 하나님은 살아 계시는데 왜 누구는 만나주시고 누구는 안 만나주실까? 안 만나주시는 데는 이유가 있다.

1) 그 사람의 성품이 정직하지 않기 때문이다.
   하나님은 겉을 보지 않고 마음을 감찰하신다고 하였다.
   거짓말하여 부모나 형제나 목회자를 속이는 사람, 돈에 정확하지 않은 사람, 돈 문제로 속이는 사람, 이런 사람에게 하나님은 응답하지 않으신다. 가룟 유다와 같이 된다. 돈 문제로 하나님께 버림받는 사람을 많이 보았다.

2) 신앙생활을 말씀대로 하지 않고 외식적으로 하기 때문이다.
   계명을 지키지 않기 때문이다.
   다른 사람이 보기에는 잘하는 것 같은데 하나님이 보실 때는 거짓되기 때문이다.
   서기관과 바리새인 같기 때문이다.

3) 기도를 하는데 엉터리로 하기 때문이다.
   진정한 회개 기도가 없다.
   자기 유익과 욕심을 구한다.
   기도를 별로 하지 않거나 시간이 짧다.
   기도 내용이 하나님 마음에 들지 않는다.
   지금 당장 부족한 것을 구하라. 하나님의 일을 하는 데 부족한 것을 구하라.

4) 죄 때문이다.
   이사야서에 죄가 있는 사람의 기도는 듣지 않는다고 말씀하셨다.
   가룟 유다도 예수님의 제자로 생활하면서 죄를 지었다. 예수님이 용서하지 않으셨다.
   많은 사람이 자기 죄를 모른다.
   하나님도 모르고 성경도 모르기 때문이다.

성령을 받지 못했거나 성령을 받았었는데 성령 하나님이 떠나시고 악령이 들렸기 때문이다.

2. 실천 목회를 배워라

큰 교회나 작은 교회에 들어가서 실천 목회를 배워라.
성공하는 것도 배우고 실패하는 것도 배워라.
실패하는 것을 보면서 '저렇게 하면 실패하는구나'를 깨닫고, 어떻게 해야 실패하지 않고 성공하는 것인지를 생각해 내라.
좋은 것은 배우고 나쁜 것은 배우지 말라.
선배 목회자들의 좋은 신앙, 좋은 목회 방법은 배워서 내 것으로 만들라.
나쁜 것은 배우지 말고 '나는 단독 목회할 때 절대 저렇게 하지 않겠다.'라고 결심하라.

간증)
하나님께서는 나에게 이렇게 하라고 응답해 주셨다.
사역하는 교회마다 담임목사와 성도 사이에 다툼이 있었다. 그래서 기도원에 들어가 "하나님, 목회를 배울 수 있는 교회로 인도해 주세요."라고 간절히 기도했다. 그때 하나님이 마음에 음성을 들려주셨다. "너를 문제 있는 교회로 보낸 것은 그와 같은 목회자가 되지 말고 선을 행하는 목회자가 되라는 것이다."라고 말씀하셨다. 그때부터 절대로 문제를 만드는 목회자가 되지 않아야겠다고 결심하고, 우리 교회를 하나님께서 칭찬하는 교회로 만들 수 있었다.

실천 목회를 배우지 않고 목회하는 사람, 또는 실천 목회를 조금 하고 정확하게 배우지 않은 사람은 개척하면 실패한다.

목회자가 어떻게 교회를 운영해야 하는지 모르는데 성공할 수 없다.

디모데서에 처음 입교한 자는 감독으로 세우지 말라고 하였다. 그는 교회가 어떤 곳인지 모르기 때문이다. 목회를 모르고, 교회를 모르고, 성도에게 무엇이 필요한지 무엇을 원하는지 무엇을 보고 실망하는지 왜 시험드는지를 모르고, 목회자를 어떻게 바라보는지 어떻게 해 주기를 원하는지 전혀 모르는데 목회를 하겠는가? 못하는 것이 당연하다.

겸손하여 낮아진 자세로 최소한 5년 이상 배워라.
교만은 패망의 선봉이다.
죽었다고 생각하고 죽도록 충성하면서 배워라.
하나님은 달란트의 비유대로 하신다.
교회학교도 발전시키지 못하는 사람이 장년을 부흥시킬 수 없다.
어린이와 학생, 청년은 아직 생각이 단순하다. 그들은 감정이 얼굴에 나타난다. 그래서 얼굴을 살피면 그들의 마음을 알 수 있다. 이런 단순한 사람들도 지도하지 못하고 부흥시키지 못한다면 자기가 상당히 무능하다는 것을 알아야 한다.

교회학교를 맡아서 부흥시키지 못한 사람이 장년을 부흥시킨 경우를 보지 못했다. 여러분의 목회는 교회학교에서 결정난다. 아이들도 다루지 못하는데 장년을 다룰 수는 없다.

3. 계속 배워라

신학교를 졸업하고 배움을 멈추면 안 된다. 신학교에서 배운 것으로 목회할 수 없다. 그러므로 배우려는 자세를 가져라.

자신이 아무것도 모른다는 것을 인지하라.

교회와 성도와 성경말씀과 성령의 역사와 교회 행정과 교회 조직관리와 목회자와 부교역자를 다루는 것과 교회 재정을 효율적으로 집행하는 것과 교인들이 싫어하는 것과 반대하거나 따지는 교인을 다루는 방법 등을 배워야 한다.

- 책을 계속 읽으며 배워라.
- 기도하면서 하나님이 주신 지혜와 지식으로 배워라.
- 주석을 놓고 신학자들이 성경 해석한 것을 창세기부터 요한계시록까지 배워라.
- 성공한 목회자들이 개최하는 세미나에 가라.

    설교 세미나

    성경공부 세미나

    전도 세미나

    목회 세미나

- 월요일에 쉬지 말고 실천대학원이나 목회에 도움이 되는 대학원에 가서 배워라.

사람은 자신이 아는 것만큼 설교도 하고 써먹는다.

성도는 자기보다 많이 알고 있는 사람을 스승으로 모신다.

자기보다 모르는 목회자의 말은 듣지 않고 무시하고 떠난다는 것을 알기 바란다.

4. 성령의 능력을 받아라

· 성령세례
· 성령 충만
· 성령의 은사
· 성령의 열매
· 성령의 능력을 받아야 한다.
성도보다 크게 성령의 능력이 나타나야 하나님의 종인 줄 알고 따른다.
사도 바울처럼 하라.

5. 담임목사의 말에 순종하라

담임목사의 마음을 읽고 마음을 상하게 하지 말라.
지시한 것은 신속하고 정확하게 처리하라.
담임목사가 마음에 안 들면 아무런 말도 하지 말고 교회를 옮겨라.
교회에 시험을 만들어 놓고 옮기면 본인이 벌을 받는다. 시험이 없게 하고 조용히 옮겨라.

6. 담임목사와 교인들을 섬기는 종이 되어라

대접받으려고 하지 마라. 높임받고 대접받으려는 마음이 있으면 마귀가 틈을 탄 것이다. 자신을 항상 낮추고 하나님과 목회자, 그리고 성도를 섬기고 돕는 자가 되려고 힘써야 한다. 이것이 습관이 되고 성품이 되어야 한다.

그래야 나중에 단독 목회할 때 그 성품이 그대로 나와 성도들에게 인정받고 하나님께 인정받는다.

교만한 말이나 행동은 입밖에도 내지 마라. 집에서도 하지 마라. 하나님이 들으신다. 무슨 무익한 말을 하든지 심판을 받는다.

(마 12:36) "내가 너희에게 이르노니 사람이 무슨 무익한 말을 하든지 심판 날에 이에 대하여 심문을 받으리니"

교회에서는 천사처럼 말하고 집에서나 안 보이는 데서는 판단하고 정죄하면 하나님이 들으셔서 본인이 하나님께 판단받고 정죄받는다.

(마 7:3-5) "[3] 어찌하여 형제의 눈 속에 있는 티는 보고 네 눈 속에 있는 들보는 깨닫지 못하느냐 [4] 보라 네 눈 속에 들보가 있는데 어찌하여 형제에게 말하기를 나로 네 눈 속에 있는 티를 빼게 하라 하겠느냐 [5] 외식하는 자여 먼저 네 눈 속에서 들보를 빼어라 그 후에야 밝히 보고 형제의 눈 속에서 티를 빼리라"

부교역자 때는 배우려 하고 자신의 실력을 성장시켜 성도들에게 인정받고 하나님의 은혜를 받는 일에 집중하라. 그래야 하나님이 함께하시고 들어 사용하신다.

7. 부교역자가 생각이 없고 부족한데 노력을 안 한다

1) 설교가 발전이 없다. 못하는데 잘하는 줄로 아는 사람도 있고, 못하는 줄 알고 있는데 노력을 안 하는 사람도 있다. 이런 사람은 장년 목회를 할 수 없다. 부교역자 때 설교가 은혜롭다는 말을 들어야 한다. 설교를 못하는 이유는 본인이 받은 은혜가 없기 때문이다. 성경과 인생에 대해 깨달은 것이 그 수준이기 때문이다. 그렇다면 다른 것도 깨닫는 은혜가 많이 부

족할 수 있다. 목회는 많은 것을 잘해야 하는데 깨달은 것이 평범한 수준이라면 목회하기 어렵다.

2) 찬송가도 은혜롭게 인도하지 못하는데 잘하는 줄로 아는 사람, 못하는데 노력하지 않는 사람으로 구분된다.

3) 기도도 안 한다. 그러니 성령에 관해 아는 것이 없다. 성령 시대에 성령에 관한 경험이 없다면 아무것도 할 수 없다. 하나님께는 쓸모없는 사람이다.

4) 부교역자 생활을 5년 이상 했는데 특별히 잘하는 것이 없다. 앞으로 어떻게 성도에게 은혜를 받게 하고 그들의 영혼을 인도하고 세상에서의 삶을 코치하여 복 받게 할 수 있겠는가?
자신의 문제도 해결하지 못하는데 다른 사람의 문제를 해결할 수 없다. 이런 사람은 목회자가 잘못된 것이다.

5) 부교역자 때도 실력이 없었는데 스스로는 실력이 있는 줄 착각하여 개척하겠다고 나갔다. 그런 부교역자를 수십 명을 보았다. 한 사람도 성공한 것을 보지 못했다. 교회에서 오래 사역하던 교역자 중에서 일곱 명에게 개척자금을 주어 교회를 세워주었다. 두 교회만 되고 다섯 교회는 없어졌다. 스스로를 착각하는 사람이 많다.

6) 실력도 없는 사람이 사역이 힘든 교회에는 안 가려 하고, 편한 교회에만 가려고 한다. 배우려는 생각이 전혀 없다.

7) 주일날 교인들 앞에서 새로 온 부교역자를 소개했는데 화요일에 그만두겠다고 연락이 왔다. 그래서 다른 부교역자가 '왜 그만두려 하느냐'고 물어보았더니, '주일 하루 일해 보니 너무 힘들어서 못 하겠다'고 하였단다. 이런 사람이 많다. 목사로서 기본도 안된 사람들이다. 이런 사람은 목회

못 한다. 그만두는 게 낫다.

8) 국민일보에 실렸던 기사 내용이다. 부교역자 구인광고를 내면 요즘은 이런 거 내는 사람이 없다고 한다. 그래서 교회마다 부교역자 수급 문제로 고민이라고 한다. 어떻게 하다가 이력서를 내는 사람이 찾아와서 근무시키면 신앙도 안 되고, 실력도 안 되고, 인격도 안 되어서 믿고 맡길 수가 없다고 한다. 앞으로 한국교회 부교역자 수급 문제가 심각하다는 것이다.

8. 사모는 직장을 다니게 하라

1) 부교역자가 결혼한 지 10년, 15년, 20년이 되었는데 전세금이 없다. 월세 보증금도 몇백만 원만 있다는 사람도 있다. 교회에서 사택을 제공해 주지 못하면 올 수 없다고 한다.
이런 분은 앞으로 어떻게 살 것인지 걱정이 된다. 믿음이 좋은 것인지 아니면 생각이 없는 것인지 알 수 없다. 나이가 50이 넘으면 교회에서 부교역자로 사용하지 않는다. 그때는 어떻게 살려고 준비를 안 하는지 모르겠다.

2) 부목사의 사모는 자기 직업이 있는 것이 좋다. 목사의 사례금은 생활비로 사용하고 사모의 수익금은 저축하여 미래를 준비하는 것이 지혜로운 방법이다.

3) 자녀를 낳고 교육하는 데는 많은 돈이 필요하다. 부교역자 수입으로는 부족하다. 그러니 사모가 수입을 얻는 것이 바람직하다. 자녀도 돈이 없으면 가난 속에서 고생한다. 그리고 가정에 전세금, 보증금이라도 있어야

마음이 편안하고 든든하다. 이마저도 없으면 매일 불안한 생활을 해야 한다.

4) 생각 없이 자녀만 낳고 목회한다고 고생하다가, 나중에 부교역자로도 못 들어가서 다른 직업이나 대리운전, 노동을 하는 사람이 많다.

5) 어떤 목사는 평생을 목회한다고 고생했는데 성도가 없어서 은퇴 후에 생활도 할 수 없다고 하소연하는 것도 보았다.

6) 어떤 목사는 개척하고 교회가 안 되어 고생만 하다가 병들어 죽었다.

7) 이런 일을 당하지 않으려면 하나님 마음에 드는 사람이 되어서 목숨 걸고 기도하여 성령의 능력 받아 목회해야 한다. 하나님이 인도하시고 생활의 걱정 없이 보람된 목회를 할 수 있다. 그러니 분발하기를 바란다.

8) 젊었을 때 분발하지 못하면 늙어서는 더 안 된다. 생각 없이 사는 사람이 목회를 잘할 수 없다. 마치 감나무에서 감 떨어지기만 기다리는 것과 같다. 그러므로 하나님께 목숨 걸고 매달려 능력 받아야 한다. 그래야 가정도 책임진다.

9. 선교사

1) 아무나 선교사로 나간다.
부교역자 생활하다가 선교사로 나간 사람이 있다. 그리고 개척교회를 하다가 안 되니까 선교사로 나간 사람도 있다. 그런데 그런 사람이 선교사로 나가 성공한 사람이 없다. 그들은 목회를 어떻게 해야 잘하는지도 모르기 때문이다.

2) 선교사로 성공한 사람들도 하나님 마음에 들어야 성령 하나님이 역사하여 지혜도 주시고 능력도 주신다. 그래서 그곳에서 하나님의 종으로 인정받고 성공적으로 복음을 전하여 교회를 세워나간다. 하나님께 인정받지 못하는 신앙을 가진 사람은 놀다 오든지 고생만 하고 온다.

3) 선교사로 나가는 사람들에게도 선교 도구가 없다. 선교지에 가서 구제 사업하다가 실패하고 온다. 영적 도구가 없고 목회 실력이 없으니 실패하는 것이다. 신학교만 나왔지 영적 무기가 없다. 총도 없고 실탄도 없는데 어떻게 싸워서 이기는가?

4) 나는 목회를 하면서 선교지 여러 곳을 탐방하였다. 선교를 잘하는 선교사는 소수이고 다수는 엉터리 선교사였다. 하나님이 책망하는 종들이었다.

5) 어느 나라의 선교사는 그 나라의 수도에 위치한 큰 집에서 호화롭게 살고 있었다. 자녀들은 외국인 학교에 다녔고 부부는 안전한 고급 주택지에서 살고 있었다. 선교지는 오지에 있다고 하여 두 곳을 가 보았다. 열심히 하는 것 같았다. 한국에서 '선교지에 가면 속옷만 남기고 다 주고 와야 한다'는 말을 들었어서, 귀국할 때 선교비와 좋은 물품을 모두 주고 왔다. 그리고 한국에 와서 그 선교사에 대한 얘기를 듣게 되었다. 그곳에서 보여 준 선교지가 다른 사람의 선교지인데 자기가 하는 것처럼 보여 준 것이며, 많은 사람이 그렇게 속았다고 한다. 마음이 정말 많이 상했다. 어떻게 선교사의 양심이 저렇게 거짓으로 가득할까 하는 생각이 들었다.

또 다른 나라의 선교지를 가 보았다. 10년 동안 선교비를 보내 주었는데 교회는 없고 영어 학원만 운영하고 있었다. 그리고 여러 가지 핑계를 대면서 교회를 하기가 어렵다고 하였다. 나는 그 사람의 생활비만 10년 동안 보내 준 것이 되고 말았다.

또 다른 나라 선교지도 가 보았다. 교회를 건축한다고 하여 상당한 돈을 보냈다. 그런데 6개월이 지나도 건축한다는 소식이 없어 먼저 연락을 해 보았더니, 여기서 보내 준 돈으로 수도에 대지 200평, 건평 100평 짜리 집을 구입했다며 한번 와서 보라고 하는 것이다. 나는 크게 실망했다. 교회 건축을 한다고 해서 큰돈을 보냈는데 자기 살 집을 구입한 것이다. 게다가 그 선교사는 우리 교회 성도에게도 신디사이저를 구입한다고 돈을 받아가고서는 구입하지 않았다. 그는 지인들에게 이런 식으로 선교비를 받아 사용했다. 그리고 그 집을 팔아 자기 자녀들을 위해 사용했다.

그가 선교지에서 병에 걸려 죽었을 때 하나님께 기도로 여쭈었다. "저런 선교사는 어디로 가나요?" 예수님이 말씀하셨다. "그는 나의 이름을 이용하여 자기 욕심을 채웠다. 지옥으로 간다."

나는 하나님이 두려웠다. 하나님은 정의롭고 공의로우시다. 하나님 말씀처럼 행한 대로 받게 하신다.

(계 22:12) "보라 내가 속히 오리니 내가 줄 상이 내게 있어 각 사람에게 그가 행한 대로 갚아 주리라"

또 다른 선교지에도 가 보았다. 거기도 말로는 자기가 가장 선교사다운 선교사라고 말하며 다른 선교사는 모두 사기꾼이라고 하였다. 그리고 자기가 선교하는 곳에 건축한 교회를 보여주었다. 겉으로 보기에는 진짜 선교사 같았다. 그래서 두 교회를 건축하도록 선교비를 보냈다. 몇 년이 지난 후에 보니, 그는 건축한 교회를 다른 사람에게 팔아서 착복하였다. 그 후, 그 선교사는 사기죄로 교도소에 갔다.

또 다른 선교지에 가 보았다. 자신은 정직하게 한다고 하여, 믿고 몇 년 동안 교회 수십 개를 세웠다. 그런데 몇 년이 지나니 그 실체가 드러났다. 많은 사람에게 선교비를 빌려 오라고 하고는 갚지 않았다. 그래서 빌려 온 사람들의 빚이 수억 원부터 수십억 원이 되어 빚에 치여 이혼당하고, 지금도 평생 빚을 갚고 있다고 들었다. 또 여자 문제도 복잡하다고 들었다. 세상에 정말 믿을 사람이 없었다.

또 다른 선교지는 아랍국가였다. 선교사로 온 지 10년이 되었는데 교인이 두 명이라고 한다. 한국에서 오는 선교비가 한 달에 200만 원씩인데, 10년 동안 2억 4천만 원 들여서 두 명 전도한 것이다. 이런 선교를 잘한다고 해야 하는가?

또 다른 선교지에서는 며칠을 선교사와 같이 지냈는데 매우 검소하고 소박하게 살았다. 집 대여비도 저렴했고 집에 방이 두 개였다. 한국에서 선교비가 처음에는 많이 왔는데 몇 년 지나고 나니 모두 끊어지고 조금씩 온다고 하였다. 자녀들도 돈이 들지 않는 현지인 학교에 보내고 있었고, 선교현장에서도 열심히 일하는 모습이 보였다. 5년 동안 유치원과 초등학교를 세워서 전도사와 현지인 교사들을 두고 운영하고 있었다. 한국선교비는 사택 대여비 정도였고, 현지 학교 운영 수입으로 교사 월급을 주고 자기도 먹고 산다고 하였다. 그래도 선교하는 것이 감사하고 즐겁다고 하였다. 이분은 선교사로서 성공한 분 같았다.

6) 선교사라고 다 믿으면 안 된다.

거짓말하는 선교사가 많다. 그리고 하나님께 인정받지 못하는 선교사가 많다. 여러 성도가 개인적으로 선교 후원하고 있는 분들에 대해 기도를 부탁하여 기도로 응답받아 보았다. 모두 하나님이 인정하지 않는 자들이었다. 참으로 안타깝다. 그분들이 회개하고 돌이켜 하나님이 기뻐하시는 진정한 종들이 되었으면 한다.

CHAPTER **02**

평신도 사역자(교구장, 지역장)

▼ 1. 하나님께 인정받는 종이 되어라

▼ 2. 성령의 능력 받는 일에 힘써라

▼ 3. 예수님의 가르침대로 낮아지고 섬기는 종이 되어라

▼ 4. 성경에서 말하는 하나님의 종

▼ 5. 앞으로는 평신도 사역자 시대가 온다

▼ 6. 사역자가 할 일

1. 하나님께 인정받는 종이 되어라

앞에서 하나님께 인정받는 종에 대하여 설명했다. 그렇게 되기 위해 기도하고 성령 받고 능력 받아라. 그러면 하나님 앞에서 기름 부은 종과 같이 상과 복을 받는다. 인정받지 못하면 똑같이 영벌 받는다.

2. 성령의 능력 받는 일에 힘써라

신구약 성경을 보면 하나님이 사용하시는 종들은 하나님의 영이 함께하셨다. 하나님의 영이 함께하지 않는 사람은 제사장, 선지자, 왕이었어도 악한 길로 갔다.

(왕상 13:33) "여로보암이 이 일 후에도 그의 악한 길에서 떠나 돌이키지 아니하고 다시 일반 백성을 산당의 제사장으로 삼되 누구든지 자원하면 그 사람을 산당의 제사장으로 삼았으므로"

사무엘 선지자가 사울 왕에게 한 말이다.

(삼상 15:19) "어찌하여 왕이 여호와의 목소리를 청종하지 아니하고 탈취하기에만 급하여 여호와께서 악하게 여기시는 일을 행하였나이까"

하나님의 영이 없는 사람은 하나님 보시기에 악한 길로 갔다. 그리고 하나님께 저주받아 영벌 받았다. 그들의 열매가 악한 열매를 맺은 것이다.

하나님께서 열매를 보겠다고 하신 말씀을 마음에 새겨야 한다. 평신도 사역자나 목회자로 임직받은 사역자도 마찬가지다. 열매가 나쁘면 저주받아 영벌 받는다.

하나님의 영이 함께하지 않는 사람은 악령이 들어있어서 악한 열매를 맺는 것이다. 하나님의 영이 들어있는 사람은 하나님이 선하시므로 선한 열매를 맺는다. 그래서 예수님이 열매를 보고 나무를 구분하라고 하신 것이다.

(마 7:20) "이러므로 그들의 열매로 그들을 알리라"

(마 12:33) "나무도 좋고 열매도 좋다 하든지 나무도 좋지 않고 열매도 좋지 않다 하든지 하라 그 열매로 나무를 아느니라"

하나님의 영은 신약에서 성령이라고 말씀하신다.

(고전 12:3) "그러므로 내가 너희에게 알리노니 하나님의 영으로 말하는 자는 누구든지 예수를 저주할 자라 하지 아니하고 또 성령으로 아니하고는 누구든지 예수를 주시라 할 수 없느니라"

구약에서 다윗이 하나님의 영에 감동되었다고 말하고 있고, 이것을 예수님은 성령에 감동되었다고 말씀하신다.

(삼상 16:13) "사무엘이 기름 뿔병을 가져다가 그의 형제 중에서 그에게 부었더니 이 날 이후로 다윗이 여호와의 영에게 크게 감동되니라 사무엘이 떠나서 라마로 가니라"

(마 22:43) "이르시되 그러면 다윗이 성령에 감동되어 어찌 그리스도를 주라 칭하여 말하되"

즉, 구약에서 말하는 하나님의 영을 신약에서 성령 하나님으로 표현한다는 것이다. 그러므로 성령을 받은 증거가 있어야 한다.

성령 받은 증거는 능력을 행하면서 선한 열매를 맺는 것이다. 이런 사람은 성령 받은 것이다. 능력을 행하면서 악한 열매를 맺는 사람은 악령을 받은 것이다. 다시 말하면 성령 받으면 거룩한 삶을 사는 것이다. 그것이 예수님의 모습이고 사도 바울의 모습이다.

(레 11:45) "나는 너희의 하나님이 되려고 너희를 애굽 땅에서 인도하여 낸 여호와라 내가 거룩하니 너희도 거룩할지어다"

(벧전 1:16) "기록되었으되 내가 거룩하니 너희도 거룩할지어다 하셨느니라"

(요 17:19) "또 그들을 위하여 내가 나를 거룩하게 하오니 이는 그들도 진

리로 거룩함을 얻게 하려 함이니이다"

거룩한 삶은 하나님이 싫어하시는 악이나 죄를 짓지 않고 사는 것이다. 사람이 악이나 죄를 행하면 더러워진다. 이것을 깨끗하게 하는 것이 회개하고 돌아서서 바르게 사는 것이다.

사역자가 악한 것은 성령 받지 못하고 악령을 받았기 때문이다. 모든 사역자는 항상 자기를 살펴야 한다.

(갈 6:3-5) "[3] 만일 누가 아무 것도 되지 못하고 된 줄로 생각하면 스스로 속임이라 [4] 각각 자기의 일을 살피라 그리하면 자랑할 것이 자기에게는 있어도 남에게는 있지 아니하리니 [5] 각각 자기의 짐을 질 것이라"

(고전 11:28) "사람이 자기를 살피고 그 후에야 이 떡을 먹고 이 잔을 마실지니"

사역자는 악령을 받지 말고 반드시 성령을 받아야 한다. 그래야 하나님의 일을 효과적으로 할 수 있다.

하나님의 일은 내가 하는 것이 아니라 성령 하나님이 하시는 것이다. 그러므로 성령 받지 못한 사람은 하나님의 일을 하지 못한다. 그래서 예수님이 성령 받으라고, 능력 받으라고 말씀하신 것이다.

(요 20:22) "이 말씀을 하시고 그들을 향하사 숨을 내쉬며 이르시되 성령을 받으라"

(행 1:5) "요한은 물로 세례를 베풀었으나 너희는 몇 날이 못되어 성령으로 세례를 받으리라 하셨느니라"

(눅 24:49) "볼지어다 내가 내 아버지께서 약속하신 것을 너희에게 보내리니 너희는 위로부터 능력으로 입혀질 때까지 이 성에 머물라 하시니라"

(행 1:8) "오직 성령이 너희에게 임하시면 너희가 권능을 받고 예루살렘과 온 유대와 사마리아와 땅 끝까지 이르러 내 증인이 되리라 하시니라"

예수님도 성령 하나님이 함께하시고 성령의 능력으로 일하셨다.

(행 10:38) "하나님이 나사렛 예수에게 성령과 능력을 기름 붓듯 하셨으매 그가 두루 다니시며 선한 일을 행하시고 마귀에게 눌린 모든 사람을 고치셨으니 이는 하나님이 함께 하셨음이라"

하나님의 종들에게 성령이 임하신 증거는 능력이 나타나는 것이다. 바울도 능력과 거룩함으로 자신이 하나님의 종인 것을 증명하였다.

(고전 2:4) "내 말과 내 전도함이 설득력 있는 지혜의 말로 하지 아니하고 다만 성령의 나타나심과 능력으로 하여"

(갈 3:5) "너희에게 성령을 주시고 너희 가운데서 능력을 행하시는 이의 일이 율법의 행위에서냐 혹은 듣고 믿음에서냐"

사역자 모두가 성령의 임하심과 능력이, 영적 전쟁에서 마귀와 싸울 무기라는 것을 알아야 한다. 이 무기가 없으면 마귀를 이기지 못한다.

(마 12:28) "그러나 내가 하나님의 성령을 힘입어 귀신을 쫓아내는 것이면 하나님의 나라가 이미 너희에게 임하였느니라"

모든 사람은 하나님의 말씀이 기준이 되어 구별된다.

악한 열매를 맺는 사람은 악령 들린 사람, 거룩한 열매를 맺는 사람은 거룩한 영이신 성령을 받은 사람이다.

사람이 제사장, 선지자, 왕, 장관, 목회자, 선교사, 전도사, 사역자, 장로, 권사, 집사, 기독교인이라고 불리는 것으로 성령 받았다 구원받았다를 구분하는 것이 아니라 열매로 구분하신다는 말이다.

그러므로 직책을 얻으려고 힘쓰지 말고 거룩한 열매, 선한 열매, 의의 열매, 성령의 열매를 맺으려고 힘써야 한다.

어리석은 사람은 하나님의 말씀을 무시하고 자기 생각대로 살고, 지혜로운 사람은 하나님의 말씀을 중요하게 여기고 하나님 말씀대로 산다.

다시 말하는데 거룩한 영이신 성령을 받고 능력 받는 데 힘을 써라.

3. 예수님의 가르침대로 낮아지고 섬기는 종이 되어라

평신도 사역자도 하나님의 종이다. 하나님의 종은 높아지는 것이 아니라 낮아지는 것이다. 예수님의 가르침대로 사역해야 한다. 그러면 하나님이 목회자들에게 주시는 상급을 똑같이 주신다.

예수님이 가르쳐 주신 종의 자세이다.
1) 평신도 사역자가 되었으면 하나님의 종이다.
2) 절대로 교만하지 말고 겸손해야 한다.
3) 예수님의 가르침대로 종이 되어라.
4) 절대로 높아지려고 하지 마라.
5) 낮아져서 섬기는 자가 되어라.
6) 직책에 관심 두지 마라. 전도사, 목사 직책에 관심 두면 마귀가 틈탄다. 하나님은 직책이 아니라 어떤 자세로 충성하는가를 보신다. 높아져서 지옥 가는 것보다 낮아져서 천국 가는 것이 백배 천배 더 잘한 것이다. 많은 사람이 높아지려고, 대접받으려고 목사가 되었다가 마귀에게 속아 불법을 행하고 하나님께 심판받아 지옥 간다.

오히려 평신도 사역자가 되어 낮아지는 마음으로 성도를 사랑하고 섬기다가 하나님 나라에 가면 더 큰 자가 된다. 일부러라도 낮아져야 하는데 평신도 사역자라는 직책으로 낮아져 있으니 잘된 일이다.

4. 성경에서 말하는 하나님의 종

　모든 구원받은 백성은 하나님의 종이라고 표현한다. 그리고 하나님의 백성이라고도 말한다.

　특별하게 제사장이나 선지자를 하나님의 종이라고 표현한다. 제사장은 레위 지파 중에서 아론의 자손만 할 수 있었다. 제사장을 했다고 모두 구원받은 것이 아니다. 구원받지 못한 사람도 많다. 구원받지 못한 사람은 하나님의 종이 아니고 악령의 종이다.

　선지자도 남녀나 지파의 구분 없이 하나님의 영이 임하여 하나님의 음성을 듣고 사람들에게 전달하면 선지자라는 칭호를 받았다. 하지만 악령 받은 가짜 선지자도 많았다.

　신약시대인 지금도 성령 받은 하나님의 종과 악령 받은 마귀의 종이 있다. 마귀의 종도 모두 겉으로는 천사처럼 위장되어 있다. 인격적인 사람으로, 지적인 사람으로, 유명한 인사로, 높은 학력으로, 목회자라는 직책으로 위장되어 있다. 누가 진짜인가? 정말 구분하기 어렵다. 그래서 열매로 구분한다고 하셨다.

　참된 종은 외모에 있는 것이 아니라 영에 있다. 자신의 영에 성령이 임하시고 능력이 나타나면 참된 하나님의 종이다. 하나님의 종은 자기 뜻은 내려놓고 하나님의 뜻을 이루어 드리는 사람이다.

5. 앞으로는 평신도 사역자 시대가 온다

현대 사회는 신학교 학생이 줄고 있으며, 목회자가 되었어도 목회를 안 하는 사람이 많다. 즉, 목회자가 없는 유럽과 같은 시대가 온다. 이것에 대비하려면 평신도 사역자를 많이 육성해야 한다.

목회자가 없는 교회는 평신도 사역자가 교회를 지키고 목회 사역을 해야 한다. 미리 대비하여 평신도를 훈련해야 한다.

예수님의 재림과 세상 종말이 가까이 올수록 평신도 사역자가 필요하다. 이것을 미리 준비하는 교회가 지혜로운 것이다. 준비되지 않은 교회는 유럽 교회처럼 없어질 것이다.

십자가의 길 목회 종합시스템은 목회자와 평신도 사역자를 양성하는 훈련이다. 모두가 성령 받고 능력 받아 사역자가 되어 하나님의 뜻을 이루어 드리기 바란다.

6. 사역자가 할 일

1) 교구 관리를 해야 한다.

교구원의 신앙과 생활을 파악하고 상담하고 기도해 주는 일이다.
매일 교구원의 이름을 부르며 기도해 주어야 한다.
필요시에는 심방해야 한다.
특정인만 관리하면 안 되고 전체를 동일하게 신경 쓰고 돌보아야 한다.
교구원이 어려울 때 돕는 역할을 해야 한다.
성도의 경조사에 신경을 쓰고 잘해 주어야 한다.
성도의 영적인 문제를 해결해 주어야 한다.

교회 행정도 배워서 잘해야 한다.
상급자의 지시를 이행하고 문제 보고도 확실하게 해야 한다.
교회 목회자 수칙을 준수해야 한다.

2) 기도 훈련을 시켜야 한다.

본인도 기도 많이 하고, 교구원에게도 기도하는 훈련을 시켜야 한다.
예수님이 가르쳐 주신 기도 내용으로 기도하게 해야 한다.
기도훈련집을 사용하게 한다.
성령 받을 때까지 기도하게 해야 한다.

3) 전도 훈련을 시켜야 한다.

시간이 되는 사람은 매주 전도 훈련을 받으러 나오게 해야 한다.
전도훈련을 받은 사람은 동네에서 누구든지 만나면 전도한다.

4) 평신도 사역자 훈련을 시켜야 한다.

자기보다 더 능력 있는 사역자를 만들어 내는 목표를 가져야 한다.
십자가의 길 양육 시스템을 기초부터 철저하게 가르쳐야 한다.
일대일 양육자를 선정하여 교육하게 하고 보고를 받아야 한다.
자신도 여러 사람을 양육해 보아야 한다.

5) 목자를 세울 때 원칙대로 세워야 한다.

목자를 잘못 세우면 안 세운 것만 못하다. 목장이 죽는다.
목자를 잘 세우면 목장이 살아난다. 그러므로 교구장이 판단을 잘해야 한다.
목자를 세울 때는 순종, 열심, 충성, 성령 충만, 지혜, 성품을 보고 세워야 한다.

6) 성경말씀을 믿어라.

(고전 3:8) "심는 이와 물 주는 이는 한가지이나 각각 자기가 일한 대로 자기의 상을 받으리라"

(고전 15:58) "그러므로 내 사랑하는 형제들아 견실하며 흔들리지 말고 항상 주의 일에 더욱 힘쓰는 자들이 되라 이는 너희 수고가 주 안에서 헛되지 않은 줄 앎이라"

(마 25:21) "그 주인이 이르되 잘하였도다 착하고 충성된 종아 네가 적은 일에 충성하였으매 내가 많은 것을 네게 맡기리니 네 주인의 즐거움에 참여할지어다 하고"

(마 18:4) "그러므로 누구든지 이 어린 아이와 같이 자기를 낮추는 사람이 천국에서 큰 자니라"

(마 23:11) "너희 중에 큰 자는 너희를 섬기는 자가 되어야 하리라"

사람의 말도 믿지 말고 교회의 직책에도 욕심내지 말고 하나님의 말씀만 믿고 일하라. 그러면 하나님이 책임지신다.

CHAPTER 03

한국교회 미래

▼ 1. 성령 충만한 평신도 사역자들에게 달려 있다

▼ 2. 성령 충만하지 않은 전도사, 목사, 선교사에게 기대할 것이 없다

▼ 3. 교회가 개혁되어야 한다

▼ 4. 교회 중진이 본을 보이는 신앙생활을 해야 한다

1. 성령 충만한 평신도 사역자들에게 달려 있다

성령 충만한 사역자를 많이 만들어야 한다.
평신도 사역자를 많이 양육해야 한다.
성경을 체계적으로 가르쳐야 한다.
성령 충만한 사람, 지혜 있는 사람, 칭찬받는 사람, 충성스러운 사람이어야 한다.
교회 일꾼을 세우는 기준이 초대교회의 기준으로 돌아가야 한다.
잘못된 인간의 방법은 모두 실패한다.

2. 성령 충만하지 않은 전도사, 목사, 선교사에게 기대할 것이 없다

평신도의 신앙만큼도 안 되는 사람이 많다.
왜 목회자가 되었는지 모르겠는 사람이 있다.
목사, 전도사라고 교만하여 배우려고도 하지 않는다.
성경도 모르고 하나님도 모르고 자기주장만 한다.
설교가 하나님의 뜻에 위배되는 내용이 많다.
인격도 안 되고 신앙도 안 되고 실력도 안 되는 사람이 많다.
교회학교나 청년부나 장년부를 맡을 실력이 없다.
사례비를 주고 가르치며 써야 한다. 그래서 신학교 졸업자에게는 기대할 것이 없다.
신학교를 나왔다고 자만과 교만에 빠져 평신도를 무시한다.
기도도 안 한다.
성령도 받지 못했다.

악령 받은 사람도 있다.

성경 연구도 안 하여 성경도 모른다. 그래서 기대할 것이 없다.

결론은 신앙, 인격, 실력이 좋은 평신도를 훈련하여 사용하는 것이, 준비되지 않은 부교역자를 사용하는 것보다 효과적이다.

3. 교회가 개혁되어야 한다

1) 목회자들이 개혁되어야 한다. 교회가 잘못된 길로 가는 것은 목회자들이 하나님 말씀의 뜻을 정확하게 깨닫지 못하고 잘못 깨달아 가르치기 때문이다.

   목회자가 하나님의 말씀을 바르게 깨닫고 그 말씀대로 하면서 성도를 가르치면 성도들이 따라간다. 그러므로 목회자가 먼저 개혁되어야 한다.
2) 한국교회의 문제는 목회자들의 타락에서 시작되었다.
3) 예배부터 하나님이 받으시는 예배로 드려야 한다. 예배 시간에 사람을 기쁘게 하고 사람이 받는 예배를 드리지 않아야 한다.
4) 기도 운동이 일어나야 한다.
5) 성령 받기 운동이 일어나야 한다.
6) 하나님 사랑과 이웃 사랑의 운동이 일어나야 한다. 이것이 하나님이 원하시는 삶이다.
7) 평신도 사역자 운동이 일어나야 한다. 이렇게 되면 한국교회는 다시 살아난다. 그리고 크게 부흥할 것이다.

   목사들은 자신의 기득권을 내려놓아야 한다. 그리고 평신도를 제자 삼고 훈련하여 하나님의 일꾼으로 길러야 한다.

4. 교회 중진이 본을 보이는 신앙생활을 해야 한다

장로, 권사, 안수집사가 교회생활과 가정생활과 사회생활에서 본을 보이는 신앙이 되어야 한다.

예수님의 가르침대로 낮아지고 겸손하고 성도를 섬기는 자가 되어야 한다. 교회에서 성도를 사랑하고 대접하고 돕는 자가 되어야 한다. 높아지고 받으려고 하면 예수님의 가르침과는 반대되는 신앙이다.

중진이 잘해야 교회가 은혜롭고 부흥하여 많은 영혼을 살린다. 중진이 교만하고 받으려고 하고 높아지고 반말하고 불친절하면 성도가 시험들어 교회를 떠난다. 이렇게 되면 중진은 하나님께 심판받아 영벌 받는다. 또 담임목회자와 부교역자를 종 대하듯이 해도 하나님께 심판받고 영벌 받는다.

중진이 교회의 주인행세를 하고, 교회 헌금을 자기 마음대로 사용하고, 교회 행사 때 자기 돈 사용하듯 하고, 물건 구매도 자기 마음대로 하고 성도에게 생색내고, 헌금을 유용하거나 횡령하면 하나님께 심판받아 멸망하고 영벌 받는다. 교회 헌금은 하나님 것이므로 목회자나 중진이나 최대한 절약하여 사용해야 하고, 꼭 필요한 곳에만 사용해야 하나님께 심판받지 않고 상받는다. 헌금 관리를 잘못하여 심판받고 망하는 사람이 많다.

중진 중에도 지옥 가는 사람이 목회자만큼 많다는 것을 알려 주셨다. 사명을 감당 안 하고 교회 일에 게으르고, 악한 말과 행동을 하고 성도에게 상처를 주고 남에게 피해 주고, 헌금도 안 하고 기도도 안 하고 헌신도 안 하고 권리만 주장하고 불평, 불만을 하는 자들이 모두 지옥 가는 모습을 보여주셨다.

교회 행사도 목회자와 중진은 하나님 뜻에 맞는 것만 결정하고 진행하여 교회를 의와 평안과 하나님 믿는 기쁨이 있게 해야 한다. 그래서 교회 천국을 이루어야 하나님이 복을 주신다.

중진은 교회의 법을 잘 지키고, 낮아져서 겸손하게 목회자와 교회와 성도를 사랑하고 섬기고 돕는 본을 보여야 한다. 예배와 헌금의 본을 본이고, 기도를 많이 하고 새벽기도와 금요철야 기도회에 참석하여 본을 보이고, 은혜 받은 간증이 많아야 한다. 교회 일을 할 때마다 앞장서서 일하고 성도의 본이 되어 칭찬받는 사람이 되어야 한다.

중진은 목회자, 부교역자, 평신도 사역자가 없을 시에 교회를 이끌고 갈 지도자로 성장해 있어야 한다.

앞으로 예수님의 재림과 종말이 가까울수록 목회자와 사역자는 사라진다. 그것에 대비하여 중진은 목회자가 하는 일과 업무와 사역을 모두 배워, 비상시에 교회와 교인을 책임지고 천국까지 이끌고 갈 준비가 되어 있어야 한다. 이 일은 도시교회와 시골교회와 소교회 모두에게 꼭 필요하다. 모두 기도와 믿음으로 대비하기를 바란다.

5. 장로는 목회자가 아니다

장로 임직 때 머리에 안수받는 의식을 기름 부음이라고 한다. 그런데 이것을 오해하여 장로가 머리에 기름 부음 받았으니 목사와 같은 기름 부음을 받은 것이라고 생각한다. 그래서 장로는 목사와 같은 위치인데 목사는 강도권과 치리권이 있는 것이고, 장로는 치리권만 있는 것이라고 생각한다. 이것은 매우 잘못된 생각이며, 만약 그렇게 알고 교회에서 목사와 대등한 위치에 있다고 생각하여 목소리를 높였다면 죄를 지은 것이다.

장로가 목사가 되려면 신학을 하고 목사 안수를 받아야 한다. 완전히 다른 임직을 하는 것이다. 장로들의 말대로 목사와 같은 기름 부음이라면, 첫째로 목사 안수를 따로 받을 필요가 없다. 바로 취임하면 된다. 그런데 법은 그렇게 되어 있지 않다. 둘째로 안수집사들도 머리에 안수받는다. 그러면 안수집사도 장로와 같은 기름 부음을 받았다고 말하면 되겠는가? 아니다.

장로교의 장로는 성경에 기록되어 있는 장로와 다르다. 초대교회에는 목사라는 직책이 없었다. 그래서 예수님의 제자들을 사도라고 불렀다.

'사도'(헬:아포스톨로스)의 뜻은 '보내심을 받은 자'이다. 사도들이 복음을 전하여 교회를 세우고 교회 사역자를 세웠는데 그 명칭을 '장로'라 하였고, 또 여러 교회의 장로들을 관리, 감독하는 일을 하는 자를 '감독'이라고 하였다. 사도들은 또 다른 곳으로 가서 복음을 전하여 교회를 세워나갔다.

신약 교회의 '장로'(헬:프레스브레로스)는 영어 '손위의(older), 장로 (elder, presbyter)'로 번역되었다.

성경적 의미로는 '지방 회중(會衆)의 지도자'라는 뜻이다. 즉, 교회의 지도자라는 뜻이다.

종교개혁을 일으킨 칼빈은 카톨릭 사제들이 모든 것을 결정하여 이끌면서 교회가 부패하고 타락하는 모순점을 보았다. 그래서 교인들과 의논하여 교회 일을 결정하도록 교인 중에서 대표를 세워 그들이 사제와 함께 의논하고 결정하는 교회를 만들었는데, 그것이 교회 장로 제도이다. 장로교의 '장로'라는 직책은 교인 중의 대표를 의미한다. 원칙으로 말하면 다른 교파에는 장로 제도가 없고 장로교에만 장로 제도가 있다.

이런 역사를 안다면 현재 교회의 장로는 목회자가 아니라는 것도 알 수 있다. 장로는 이와 같은 것을 인지하고 겸손하게 목회자를 섬기고 성도를 섬기는 직무를 보아야 한다. 그래야 하나님께 인정받아 상급을 받는다.

"십자가의 길은 사람을 살리는 길입니다."

기초반 양육교제

예수그리스도께서 가르쳐주신 **기도와 능력** 값 10,000원

주기도문을 단순히 암송하며 기도하는 것을 넘어 그 의미를 바로 알고 삶에 적용하여 기도하는 법을 배웁니다. 예수님이 가르쳐 주신 대로 기도하면 절대로 잘못된 기도는 하지 않게 됩니다. 또 놀라운 영적 경험을 하게 될 것입니다. 자신이 변화하는 것을 느끼게 되며, 치유의 역사가 일어나는 것을 느낄 것입니다.

기도학교 값 3,500원

인간이 고통을 당하는 이유를 성경을 통해 명확하게 알려주며 자신의 모습을 돌아보게 합니다.

초급반 양육교제

인간의 삶 (개정판) 값 5,000원

인간이 고통을 당하는 이유를 성경을 통해 명확하게 알려주며 자신의 모습을 돌아보게 합니다.

새가족학교 값 5,000원

교회에 나오는 새가족들이 궁금해하는 모든 내용들을 정리하여 그들의 궁금증을 해결해 주어 정착하도록 돕습니다. 기독교의 기본 교리를 전달합니다.

새로운 삶 (개정판) 값 5,000원

우리의 주인이 나에서 하나님으로 바뀌었다는 것과 새로운 삶은 자유하는 삶임을 배웁니다. 하나님을 알고 살아가는 삶이 새로운 삶임을 깨닫습니다.

전인치유학교 (성도용) 값 9,000원

어떻게 하면 하나님이 사람을 치료하는 것을 찾아볼까 하는 고민 중에 본 치유 프로그램이 만들어졌습니다. 인본적인 치유가 아니라 성경적인 치유를 전제로 만든 프로그램입니다. 영혼이 죄, 마음의 상처, 육체의 질병이 치료되면서 변화를 받게 됩니다.

제자의 삶 (개정판) 값 5,000원

예수님의 진정한 제자는 어떻게 살아야 하는가를 성경적으로 권면합니다. 그리스도의 제자로서 버려야 할 것과 취해야 할 것을 배우고 실천하면서 리더가 됩니다.

목자예비학교 값 4,500원

교회의 영적 장교인 리더가 되는 훈련을 합니다. 평신도 리더로서 사역할 수 있도록 모든 소그룹 인도 방법을 자세하게 가르쳐 줍니다.

축복의 삶 (개정판) 값 5,000원

하나님의 자녀로서 축복받는 삶이 무엇인가를 배우며 기쁨과 감사함으로 살아가게 합니다.

전도학교 (예수전도법) 값 7,000원

예수전도법을 통하여 불신자를 전도하는 모든 방법을 가르쳐 전도는 누구나 할 수 있다는 자신감을 갖게 합니다.

중급반 양육교재

교회생활　　　　값 5,000원
교회생활 속에서 잘못하는 것들을 찾아 바르게 고쳐 하나님이 원하는 복 받는 사람이 됩니다.

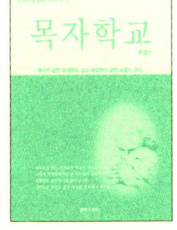
목자학교　　　　값 7,000원
하나님은 목자가 많이 세워지길 바라십니다. 그래서 하나님의 양들을 하나님의 말씀과 진리의 성령으로 인도하기를 원하십니다.

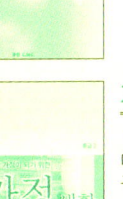
가정생활　　　　값 5,000원
이제는 교회가 가정문제를 해결해야 합니다. 하나님의 말씀으로 교양과 인격, 가족의 구성원으로서의 책임과 의무를 배웁니다.

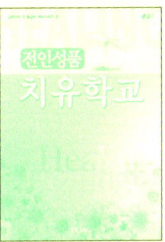
전인성품치유학교　　　　값 7,000원
사람이 살아가면서 많이 부딪치는 중요한 문제들을 치유하는 내용을 다루었습니다.

헌신생활　　　　값 5,000원
자신이 몸을 바쳐 갚아도 부족한 죄인이라는 것을 알게 되었기에 살아 있는 동안 최선을 다해 헌신합니다.

지도자훈련학교　　　　값 5,000원
쉽게 교회에서 적용할 수 있는 훈련프로그램을 통하여 성도들이 복음을 전파하고 다른 성도를 양육하는 리더가 되게합니다.

복된생활　　　　값 5,000원
복 받을 일을 하고도 복을 받지 못하는 이유를 배워 저주받는 일을 버리고 복 받을 일만 하여 하나님께 복 받는 성도가 됩니다.

50일 소원기도모임　　　　값 5,000원
소원을 놓고 주기도문 순서에 맞춰 50일 동안 함께 기도하여 응답받습니다.

교회학교 양육교재

새가족학교 (교회학교)
값 4,500원

인간의 삶 (교회학교)
값 3,500원

새로운 삶 (교회학교)
값 3,500원

제자의 삶 (교회학교)
값 3,500원

축복의 삶 (교회학교)
값 3,500원

"십자가의 길은 사람을 살리는 길입니다."

단행본

목회자와 교회 성장   값 20,000원

많은 목회자가 어떻게 목회해야 하는지를 몰라 힘들어한다. 그리고 왜 목회가 안 되는지도 모르는 것 같다. 목회의 지침서가 없기 때문이다. 이 책을 통해 예수님은 어떻게 기도하고, 사역하고, 전도하고, 제자로 삼았는지 알아보고 목회 방법을 배울 수 있다.

성경의 핵심은 하나님 사랑 이웃 사랑   값 15,000원

성경의 핵심은 믿음, 순종, 사랑이다. 이것을 행하면 하나님이 기뻐하시고 그 사람의 믿음을 인정하신다. 이것이 성경의 핵심이다. 성경의 핵심을 행하면 많은 은혜와 영생을 주신다.

교회와 예배 개혁   값 15,000원

교회는 하나님을 경외하고 하나님의 뜻을 이루는 장소이다. 오직 거룩한 하나님을 높이고 경배하고 섬기는 장소이다. 이 책을 통해 하나님이 칭찬하시는 교회는 어떤 교회인지, 하나님이 받으시는 예배는 어떤 예배인지 알아본다.

당신은 성령받았습니까? 악령받았습니까?   값 15,000원

성령을 받으면 하나님께 인정도 받는 것이고, 영생을 얻어 천국에도 들어가게 된다. 그리고 성령이 충만하게 되면 마귀와 귀신의 방해도 쉽게 이긴다. 그리고 자신의 인생이 좋은 방향으로 바뀐다.

당신은 구원받았습니까?   값 10,000원

완벽한 구원론은 성경 안에 있다. 구약과 신약이 동일한 구원론을 말씀하고 있다. 하나님은 변함이 없으신 분이다.

요한계시록   값 15,000원

요한계시록을 쉽게 이해하라고 쓴 것입니다. 예수님의 재림을 인지하여 준비하라고 쓴 것입니다. 들림받지 못하는 성도들을 위해 대환란에서도 깨닫고 구원받는 길을 알려 주려고 쓴 것입니다. 이 단들이 예수 그리스도의 재림과 심판을 악용하는 데에 속지 말라고 씁니다. 요한계시록을 잘못 해석하는 곳이 많아 바르게 분별하라고 쓴 것입니다.

세계교회는 십자가의 길로 간다   값 8,000원

십자가의 길은 독자들에게 비전과 소망을 줄 것입니다. 목회의 목마름을 해갈해 줄 것입니다. 아울러 본 저서는 목회를 잘 해 보고자 하는 열심있는 목회자들과 목회에 지친 분들에게 새 힘을 불어넣는 좋은 책이 될 것입니다.

너희는 이렇게 기도하라   값 7,000원

하루를 여는 새벽시간에 개인적으로 읽고 묵상하며 경건의 시간을 갖도록 되어 있습니다. 교회에서 21일 특별 새벽기도회 기간에 활용하시면 큰 은혜의 시간이 될 것입니다.

폭발적 목장영적추수행사   값 3,500원

목장영적추수행사는 좀 더 체계적으로 훈련하여 성도의 생각을 바꾸고 생활 속에서 신앙적으로 전도 활동과 목장 집회를 갖도록 하는 획기적인 책입니다.
이 책이 제시하는 대로 시행한다면 누구든지 전도를 할 수 있으며 목장도 활성화되는 결과를 얻게 될 것입니다.

목회자가반드시알아야할36가지(상)(하)   각 값 13,000

목회를 하면서 많은 시행착오를 겪었습니다. 누군가 코치를 해 주는 사람이 있었으면 좋았을 텐데 불행히도 없었습니다. 문제가 생길 때마다 좌절도 하고 낙심도 하였지만 다행히 하나님께 서 해결해 주셔서 어려운 목회 문제를 풀 수 있었습니다. 그리고 많은 은혜를 주셨습니다. 이 책이 나와 같은 목회자들에게 도움이 되었으면 좋겠습니다.

유아세례 학습서   값 8,000원

아이들에게 있어 부모의 신앙은 매우 중요합니다. 그 이유는 아이들이 부모의 신앙을 그대로 배우기 때문입니다. 그러므로 유아 세례를 줄 때 부모를 함께 철저하게 교육시킬 필요가 있습니다.

52주 목장집회(1,2)   각 값 15,000

예배는 구원 받은 사람들이 하나님을 경외하는 것입니다. 집회는 사람들이 모여서 하나님의 은혜 받기를 사모하는 것입니다. 예배와 집회는 전혀 다른 성격을 띠고 있습니다. 목장집회는 하나님의 은혜를 받기 위한 특별한 모임입니다. 목장 집회의 중요한 리더 만들기와 기도 셀, 사랑의 실천, 불신자를 위한 모임 등을 실천하도록 하였습니다.

"신앙속에서 인성을 교육하다."

영성 · 인성 교육

탈무드와 명심보감의 장점을 모아 우리가 살아가는데 꼭 필요한 인성을 기르기 위해 알아야 할 내용을
오래 기억에 남는 방법을 사용하여 개인뿐만 아니라 가족 모두가 함께 변화할 수 있도록 돕습니다.

교인보감 1

(유년부) 값 10,000원   (초등부) 값 10,000원   (중등부) 값 10,000원   (고등부) 값 10,000원   대학청년부 값 10,000원   (장년부) 값 12,000원

교인보감 2

    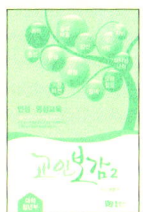 

(유년부) 값 10,000원   (초등부) 값 10,000원   (중등부) 값 10,000원   (고등부) 값 10,000원   대학청년부 값 10,000원   (장년부) 값 12,000원

교인보감 3

(유년부) 값 10,000원   (초등부) 값 10,000원   (중등부) 값 10,000원   (고등부) 값 10,000원   대학청년부 값 10,000원   (장년부) 값 12,000원

단행본

교회건강검진   값 10,000원

건강한 교회와 성장하는 교회는 다른 시각으로 보아야 합니다. 건강하지 못해도 성장하는 교회가 있습니다. 이런 교회는 바람직하지 못합니다. 교회는 하나님 보시기에 건강해야 하고 또 성장해야 합니다. 그러기 위해서 검사 방법이 정확해야 합니다. 여기에 그 방법을 소개합니다.

영혼의 찬양   값 5,500원

십자가선교센터에서 선정한 200곡의 주옥같은 찬양을 수록하였습니다.

"너희는 이렇게 기도하라."

기도훈련집

예수님이 '너희는 이렇게 기도하라'고 가르쳐 주신 기도문은 암송만 하라고 주신 것이 아니라, 뜻을 깨닫고 기도하라고 주신 것입니다. 예수님이 가르쳐 주신대로 기도하면 영혼이 살아나고, 평안이 있고, 힘과 능력이 나타납니다. 그리고 많은 응답을 받고 치유와 기적이 나타납니다.

기도훈련집 (스프링)

값 9,000원

기도훈련집 (포켓용)

값 4,000원

Training Book for Powerful Prayer

(기도훈련집 영문판)   값 15,000원

기도훈련집 (유치,유년부)

값 9,000원

기도훈련집 (초등부)

값 7,000원

기도훈련집 (청소년)

값 8,000원

기도훈련집 (노년부)

값 9,000원

홈페이지 http://www.52ch.kr   02) 2617-2044   010-5950-4109